全信徒祭司の教会を建てあげる

イエスの弟子へのひろがりを求めて

Contagious Disciple Making　Leading Others on a Journey of Discovery

デービッド・ワトソン＆ポール・ワトソン［共著］

David Watson and Paul Watson

松村 隆［訳］ 福田 崇［監修］

YOBEL, Inc.

CONTAGIOUS
DISCIPLE MAKING
by David L. Watson and Paul D. Watson

Japanese translation by Takashi Mathumura
YOBEL, Inc.
Tokyo, Japan. 2024

Published by arrangement with Thomas Nelson, a division of HarperCollins
Christian Publishing, Inc. through Tuttle-Mori Agency, Inc., Tokyo

監修者まえがき

宣教教会宣教師　福田　崇

二〇一七年に開催されたGlobal Discipleship Congress(GDC)に日本人の牧師方五名と、私が聖書翻訳宣教で奉仕した山岳民族の牧師方四名と参加しました。訳者の松村　隆さんもその一人でした。その後、この「弟子を育てる運動（GDC)」に強い関心を持った松村さんと私は、実際に行われているフィリピンの諸教会を訪問しました。その中には、二つのメガ教会もありました。どちらも伝道集会で教会に人を招くのではなく、家庭などで行われるスモールグループでコツコツとイエスさまの福音を伝え、弟子を育てていました。**CCF教会**（キリスト大宣教命令フェロシップ）は、十数万人、Every Nationは、十五万人のメンバーがいます。全員が集まれる会堂はありません。むしろスモールグループを活動の中心として家々や地域で集まって主の弟子を育てることをミッションとして活動している教会です。これらの二つの群れは、創立して三十年ごろに、一万人を収容できる研修センターを建設しました。

また、福音派の教会でどのようにこの運動がなされているかも知りたくて、日本で働いておられるフィリピンからの宣教師であるAna Gamezさん、Lollete Calingasanさんを派遣したそれぞれの母教会に行き、日本の教会に適用するヒントを得たいとインタビューと交わりを持ちました。その教会が開拓した二十の教会の一つは、短期間に1000人を超える教会になり、孫教会を生み出していました。親教会はその先生を主任牧師としてお招きし、教会全体が新しい方向に動いていました。

教会の歴史をみると、「使徒の働き（使徒言行録）」から始まり、続く時代でも福音が広がり、神の民の群れがあちこちに生まれていきました。教会のあり方や信仰生活のあり方について、聖書朗読を聴いたり、読んだりしながら、同時に聖霊に導かれ、それぞれの営みがなされたと思います。紆余曲折もあったと思います。宗教改革までには、教区制度が確立していました。その後もカトリック教会では、第二バチカン公会議まで教皇が頂点にいて、位階制度でしっかりと統治される社会という教会の理解でした。カトリックの足場を固めるためのものでした。第二バチカン公会議で、「兄弟的交わりのうちにある神の民」という理解が前面に出てきました。制度的な側面と交わり的な側面のバランスの課題です。

プロテスタントの近代宣教の進展が見られた宣教地においては、多くの場合すでに欧米で確立された教区的教会のイメージをモデルに教会形成がなされたと思います。日本ではとくにその傾向が強かったと思います。福音が拡がる広がり方において、その土地の文化や文脈を尊重しつつ紆余曲折を経て、形成されていくものと思いますが、日本では急いで整理整頓をして、整った教会を形成したのではと思います。急いで土地を取得し、会堂を建て、週報を発行し、整えることに力が注がれました。最初の段階で取るべき時間をとらず、その段階のときに取り組むべき、スモールグループ、兄弟的交わりの共同体形成、新しい信仰者の弟子化、弟子となった人が洗礼を受ける段階で次の弟子を生み出すリーダーが育っていくことなどをスキップしたのではないかと思います。やるべきことを、やるべきときにしなかったつけがきています。どのスポーツでも、学問でも基礎が大事です。

宣教地における福音の受けとめや、群れの形成は、自然発生的すなわち聖霊発生的になされていくものであると考えます。日常生活の中に生かされる福音宣教は、福音を受けとめる人びとが、主イエスの弟子となっていく道ですし、スモール・グループでそれがなされていきます。教職中心ではなく信徒中心、会堂中心ではなく日常の生活の場が中心、個人プレーではなくスモール・グループ中心、プログラム中心ではなくイエスの弟子として隣人を愛していく生活中心です。

すべてを導いておられる聖霊の主のお働きを妨げることなく、逆に導きを求め、お従いする弟子の道が大事です。主イエスを信じ、信頼し、主イエスについていく道です。主との交わりが深まり、祈りが深まり、聖書の理解が深まり、イエスに似る者へと変えられていく道です。

著者のデービッド・ワトソンさんは、失敗や挫折を経験しながら、福音宣教における気づきを大事にしました。パート1の第1章から9章に書かれていることは、そのような気づきを紹介しています。また息子のポール・ワトソンさんは、パート2で原則的なことをまとめています。福音宣教は、福音の種が蒔かれて、芽を出し、実を結んでいきます。種が蒔かれる場所は様々です。しかし福音は、どのような文化においても開花・結実の可能性を秘めていると信じます。それは主のお働きですが、信仰者に気づきが与えられ、工夫し、聖霊の導きにより用いられていきます。小さくスタートし、地道に、人を育てていくと同時に、信仰者・宣教者が変えられて行く弟子への道と思います。

推薦の言葉

正直に、自分に本当に起こったことを書き、実践的で、挑発的な『全信徒祭司の教会を建てあげる――イエスの弟子へのひろがりを求めて』は、古典的なミニストリーモデルを神の王国の価値観と照らし合わせ、また、人々を新しく造り変え、弟子を再生産するという神の不変の目標と照らし合わせ、綿密に検証している。デービッド・ワトソン氏は、世界中で六十以上の弟子づくりのムーブメントを触媒する大きな役割を担ってきた。だからこそ、本書は21世紀の教会における大きなニーズに応えるものなのだ。もしあなたが本当に世界を根本的に変えたいと思っているのなら、デービッドとポールの本はあなたの人生を取り返しのつかないほど変えるかもしれない。あなたの人生を変えるだろう！

――**ジェリー・トラスデール**

『奇跡の動き』著者：何十万人ものイスラム教徒がどのようにイエスと恋に落ちているか

福音のための細胞分裂のような運動を起こすことについて、私が見た中で最高の著作だ。『全信徒祭司の教会を建てあげる』はインスピレーションに富み、聖書的で、非常に実践的である。21世紀を力強く前進するために、西側の教会が必要とする激震かもしれない。

——**エリック・フィッシュ**、『ディサイプル』著者、ディサイプルX創設者

デービッド・ワトソンとポール・ワトソンによるこの待望の本は、読む者すべてに根本的な衝撃を与えるという約束を果たしている。預言的な内容と実践的な内容が力強く融合した『全信徒祭司の教会を建てあげる』は、現実に根ざしている。私は個人的に、世界中でワトソン夫妻の宣教と訓練に伴う弟子たちと新しい信仰共同体に出会ってきた。神がこの本のメッセージを用いて、私のミニストリーを変えたように、あなたのミニストリーを変えてくださいますように。

——**デービッド・ギャリソン**、宣教師、作家

デービッド・ワトソンは、私の聖書の読み方を脱文化化し、私の誤った道から生まれた弟子づくりの神学を再構築するよう、シンプルに、控えめに、そして冷酷に私を突き動かした。聖書に記されているイエスの活動を西洋的な目で見ることなく見ることは、弟子づくりの新しい方法を生み出すきっかけとなった。**大宣教命令**は必ず成し遂げられるという新たな希望と確信を得た。この新しい弟子づくりの道しるべとなる本があることは、キリストの花嫁にとって何という贈り物だろう。伝染する弟子づくり』は、**大宣教命令**に真剣に取り組むすべてのキ

リスト信者の必読書となるべきである。

——**ロイ・モラン**、『スペント・マッチ』著者、トーマス・ネルソン 2015年

2008年末、デービッドとポール・ワトソンはホンジュラスを訪れ、私たちの組織の宣教師と先住民の指導者を訓練した。彼らが教え、模範とした原則と戦術は、その小さな弟子づくりチームの人生に変革をもたらした。ホンジュラスの指導者たちは、彼らが使っていた弟子づくりの実践を約25の小グループに適用し始めた。デービッドとポールは、私たちのチームがこれらの聖書の原則を実践するようになるにつれ、私たちのメンターとしての役割を果たし続けた。今日、この始まりから約700のグループと教会が増え、さらに重要なことに、ホンジュラスとその周辺の国々では、イエス・キリストに従順な何千人もの新しい弟子たちが誕生している。

今、この本『全信徒祭司の教会を建ててあげる』では、同じ訓練を誰もが受けることができる。この本は何度でも読み返すことができる。私たちのチームが受けたのと同じ実践的な教えである。私は、人々がこれらの原則を実践することによって、新しい弟子が生まれ、新しいグループや教会が増え、キリスト信者の新しい動きが生まれると信じている。

——**デービッド・パリッシュ**、ワールド・ミッション・アンド・エバンジェリズム代表

この新しい伝染病のような運動が流行することを願っている！　それは、キリストの命令を実現する可能性を

秘めた、唯一の実行可能な弟子づくり戦略である。イエスとその最初の弟子たちから生まれたのだから、驚くにはあたらない。ダビデとパウロは、その聖書的起源、聖霊の支配的役割、そして個人的服従の必要性に焦点を当てている。この文章は、新しい弟子を指導することが、どのように爆発的な増殖につながるかを完全に記録している。試行錯誤の中から、彼らは戦略を定義し、どのように戦術を発展させることができるかを述べている。エルサレムであろうと、地の果てであろうと、真剣に弟子づくりに励む者にとっては必読の書である。エルサレムであれ、地の果てであれ。

——**R・キース・パークス**、元対外宣教委員会会長（南バプテスト連盟外国宣教委員会、国際伝道委員会）元会長。協同バプテスト・フェローシップ、元グローバル・ミッション・コーディネーター

ほとんどのクリスチャンは弟子をつくりたいと思っているが、その方法を知らない。『全信徒祭司の教会を建てあげる』は、すべてのクリスチャンが弟子づくりの弟子づくりになれる方法を教えてくれる。ワトソン夫妻は、弟子づくりがいかに簡単で（誰にでもできる）、同時に弟子づくりがいかに難しいか（神は私たちの心とライフスタイルを深く変えるよう求めておられる）を見事に示している。『全信徒祭司の教会を建てあげる』は、神によって変えられ、世界を変えたいと願うイエス信者の必読書である。本書は、聖書的な根拠、自己評価への挑戦、実践的な応用、そして神が「普通の人」を用いてどのように並外れたことをしておられるかという信仰を築く物語がうまくミックスされている。仲間を見つけ、『全信徒祭司の教会を建てあげる』をガイドブックとして、イエスなしに絶

望的な生活を送っている人々に到達するために、神が「あなたが求めたり想像したりする以上のこと」をされるのを見届けよう。

――**スタン・パークス**、弟子と弟子づくりの運動、
アクト・ビヨンド（Beyond.org）グローバル戦略担当副代表

私はこの5年間、デービッド・ワトソンの牧師に会うというまたとない機会に恵まれた。デービッドに初めて会った時、この本で紹介されているストーリーやアイディア（その多くはランチタイムの会話で分かち合ったものだ）が、弟子づくりに対する私の考え方に劇的な影響を与えることになるとは、少しも知らなかった。私は、神が世界中で奇跡的な業を行うのを見ている油注がれた男たちによる、この油注がれた本を熱烈に推薦する。

――テキサス州コペル、バレーランチ・バプテスト教会主任牧師、**ラリー・パースリー博士**

『全信徒祭司の教会を建てあげる』は、信者がキリストを発見し、キリストの弟子としてキリストに従う永続的な関係を持つ助けとなる素晴らしい本である。デービッドとポール・ワトソンの二人と共に弟子づくりの運動とトレーニングに参加した私の旅は、私自身の世界に影響を与え、今日、神の恵みによって、私たちは何千人もの弟子をづくり、彼らの村や町を変えているという記録を持っている。この本はすべての人に読んでもらいたい。あなたの世界を変えるだろう。

——ライフウェイ・ミッション・インターナショナル（ケニア、ナイロビ）会長、**アイラ・タッセ博士**

私は48年間、弟子づくりを志してきた。そして、弟子づくりをテーマにした本はほとんどすべて読んできた。しかし、デービッドとポール・ワトソンは、このテーマに関する多くの本を合わせたよりも多くの洞察と実践的な知恵をこの一冊にまとめた。キリストのために世界がひっくり返るのを見たいイエスの信奉者にとって、これは必読の書である。

——**フロイド・マクラング**、www.floydandsally.com、南アフリカ、ケープタウン

ワトソン夫妻は、弟子づくりの優れた包括的な姿を私たちに提供してくれた。本書は、すべてのミニストリーリーダーにとって素晴らしいガイドとなる。弟子づくりの原則は、深い経験から述べられており、非常に実践的である。私たちが福音の推進を妨げる文化的な問題や習慣を特定し、取り除くのを助けてくれる。そして、新しい信者を増やし、既存の教会を成長させ、新しい教会を建てるのを助ける方法を教えてくれる。私はこの非常に効果的で強力なツールを強く推薦する強力なツールである！

——**ダグ・ショー博士**、International Students, Inc. 社長兼CEO

出版にあたって

――デービッド・ワトソンから

この本の出版にあたって、41年以上寄り添ってくれた家内のジャンにこの本をささげます。私は、その41年の半分を世界のどこかで過ごしていましたが、家内は、共に歩み続けてくれました。この本の出版のために家内が非常に忠実に、また、厳しく批評してくれました。家内の払ってくれた犠牲、愛、サポートがなければ、この本は、日の目を見ることはありませんでした。

また、この本を私が訓練させていただいた方々にささげます。その中には、素晴らしい人々である私の息子ポールと、ジョナサンが含まれます。私にとって彼らは、誇りです。

――ポール・ワトソンから

母と父にこの本をささげます。私が今日あるのは、二人のおかげです。また、家内の、クリスティ、そして子どもたちのヤヘル、ジョン・ポール、ケトラにささげます。いつでもあなた方は、私の喜びです。

そして、王である主のために、命を投げ出して仕えた何千もの人たちにこの本をささげます。あなた方は、私が、キリストに栄光をもたらすために深い献身を持って人生を生き抜くようにと、チャレンジを与え、さまざまなインスピレーションを与えてくれました。

全信徒祭司の教会を建てあげる——イエスの弟子へのひろがりを求めて

目次

全信徒祭司の教会を建てあげる――イエスの弟子へのひろがりを求めて

著者まえがき

「神様、もうこれ以上教会開拓はできません。今まで、人々を愛し、訓練し、送り出しましたが、殺されてしまいました。こんなことのためにあなたの召しにお応えしたのではありません。」

私（デービッド）が一緒に働いて来た兄弟たちのうち、六人がこの一年半の間に殺されました。それだけでなく、主がお遣わしになった場所に住むことさえできません。私たち家族は、インドから国外退去になり、住み始めたシンガポールの家は、北インドのボージュプリーの人々の住むところからは、四千km《キロ》も離れています。

「働きは大きすぎます。」

八千万人のボージュプリーの人々は、いわゆる「宣教団と宣教師たちの墓場」と言われるところに住んでいました。

「十分な助けがありません。」

その地域には、たった二十七の福音的な教会があるだけです。それらの教会は、ようやくのことで生き延びているのです。ボージュプリーの信徒は、千人にもなりませんでした。

「どうぞ、私の召命を取り下げてください。私をアメリカに帰らせてください。私は、ビジネスは得意ですから、働いて、稼いで、宣教団にたくさんの献金をささげます。だれか他の人をインドでの教会開拓の働きに遣わしてください。」

毎日、二か月間に亘って神に同じように祈りました。毎日、事務所に行き、暗い中で座って、神に、召命を取り下げてくださるようにと懇願しました。そして、毎日、主は、拒否されました。

「わかりました。それなら、どのように教会を開拓したら良いか、あなたが教えてください。あなたは、あなたの働きのために何もやり方を教えないで人を召されることはないと信じます。どうやってこの人々に福音を届けていったらいいのか、あなたのみことばによって示してください。もし、示してくださるならば、私はそれをやります。」

これが、私が神と交した「契約」でした。この契約によって、ボージュプリーの人々のための働きの私の部分がスタートしました。

新しいアイディア

この後、神は、ご自身のなすべきことをしてくださいました。翌年、一年間を通じて、主は、聖書を通して私を導き、かつて読んだ時には、理解することができなかった事柄に目を留めさせてくださいました。ある種のパターンが見えて来て、弟子を育てることについて、教会開拓をすることについての新しい考えがわき上がって来ました。

まず、北インドで、この新しい考えを実現させるため五人のインド人男性が与えられるように祈り始めました。それから、実際にインドに出かけていって、ヒンズー教徒にどのように福音を伝えたら良いかを話し合うために、地域のクリスチャンたちと秘密のフォーラムを持ちました。ところが、この新しい考えについて説明し始めると、一人、二人、時には、もっと多くの人が一度に、立ち上がり、その部屋から出て行きました。彼らは、私が、気が狂っているのだと思ったようです。その日、残ったのは、たった一人だけでした。

その人は言いました。「あなたの語ったことを私は信じます。私にはあなたのビジョンが分かります。」

私たちは、夜がふけるまで話し合いました。そして、その人は、主が示してくださったことを実現させる手助けをしてくれる最初の人になったのです。翌年、さらに、私と一緒に働く三人の人が起こされました。

「主よ。五番目の人はどこですか。このチームができるために必要なもう一人の人はどこですか。」

電子メールなどない時代、人々はまだ手紙でやり取りをしていました。シンガポールの私のもとには、毎日たくさん手紙が届きます。ある日、知らない人から一通の手紙が届きました。見ると、インドからの手紙でした。

「デービッド兄、初めまして。主は、あなたの弟子になるべきだと導いてくださっています。何をすべきか教えてください。」五番目のチーム・メンバー全員が揃いました。私は、五人の男性をイメージしていましたが、その日私に手紙をくれたのは女性でした。

それから数年、神が私たちに教えてくださったことを実際に実行してみると、多くの困難に直面しました。あの秘密のフォーラムから二年経っても、この新しい方法による教会開拓による教会は一つもできませんでした。私が働いていた宣教団は、私の働きを評価し、このままでは、解雇すると伝えてきました（注：この団体は全額支給する給与ベースの団体で、評価も厳しい）。

「あなたは、自分のなすべき仕事をしていない。」そう言われました。

「もう少し時間をください。今新しいことを試している途中なのです。信頼してください」と頼むと、宣教団は、私に猶予を与えてくれました。

そして、その日が来ました。突然、一年で八つの教会が開拓され、次の年、四十八の新しい教会が開拓され、百四十八、三百二十七、五百と年々増えていきました。五年目には、何と、千の教会が開拓されたのです。

五年が過ぎた時、宣教団は、電話をかけてきて、「あなたの報告は、どこか間違っている。五年で千教会を開拓するなんて誰もできるわけない。五百だって信じられないのに、千なんてもってのほかだ」と主張しました。

「では、ぜひ現地に行って見てください。」私は宣教団にお願いしました。宣教団は、実際に現地に出かけていって綿密な調査をしました。その結果、私の報告よりも、もっと多くの教会が生み出されていたことが分かりました。ずっと後に行われた調査報告によれば、二〇〇八年までに、八万の教会が開拓され、二百万人の人たちが洗礼を受けていたのです。ボージュプリーの教会は、爆発的な成長を遂げました。

さて、二〇〇四年までには、インドでのすべての働きはインド人の人たちの手によって進められ、もう私は必要なくなりなりました。それで、米国に戻り、「シティ・チーム」というホームレスや薬物常用者などに五十数年に亘って奉仕してきた団体と協力して働きを始めることにしました。一九九九年には、すでに、私たちをインドに派遣してくれた宣教団を離れていましたが、シティ・ティームと私は、困難な環境の中でも、弟子を育てる運動を推進していくというビジョンをたて、まず、アフリカにおける試験的なプロジェクトを一緒に始めました。

その試験的なプロジェクトは、シエラレオネからはじまり、三十三のアフリカの国々を巻き込む働きに成長していきました。この前がきを書いている時、このプロジェクトを始めてから九年目にあたりますが、私たちのチームは、二六、九一一教会を開拓し、九三三、七一七名の人々に洗礼を授けました。シティ・チームと私たちのアフリカでの働きについてお読みになりたい方は、私たちの同僚であるジェリー・トラウスデールが書いた『奇跡的な運動：どのように何十万というイスラム教徒がイエスと恋に落ちたのか』（訳者による翻訳）をお読みください。[脚注①]

私たちは、世界中で活動していましたが、米国の失われた人々のことを忘れたことはありません。シティ・チームは、ホームレスや薬物常用者のために働きながら、米国で、弟子を育てる運動を推し進める団体として働き続けています。この本のいくつかの章を書いている時には、十四州で、一、二九六の「ディスカバリー・グループ」が始められています。また、ラテン系の家族を通して、この働きは、南アメリカや中央アメリカに住む人々にも、拡がっています。また、中央、南アメリカの十二カ国では、六二六のディスカバリー・グループが作られ、二十五の教会が、開拓されています。

☆ ☆ ☆ ☆ ☆ ☆ ☆ ☆

私（ポール）は、父のように自分で教会開拓をしようと思ったことはありません。一度は、青年担当牧師として短期間奉仕したことがありますが、結局上手くいきませんでした。ビジネスの世界で働いてみたこともあります。その結果、あれやこれやと迷うだけで、自分の人生で何をしたいのか分かりませんでした。そんな時、父が救いの手を差し伸べてくれて、私にシティ・チームのカリキュラム開発プロジェクトの文章を書く仕事をくれました。私は、文章を書くことが得意でしたので、賃金は安かったのですが、ここで働き始めることにしました。

シティ・チームで働いている時に、この本に書かれている弟子が弟子を育てる運動を私自身で実際に試してみました。私は、生まれつき実験することが好きで、この運動が、職場において、結婚生活において、子どもたちの間で、趣味の分野で、また、教会において、現実の世界でうまく機能するのか、知りたくなったのです。その結果は、すばらしいものでした。やがて、神は、弟子を育てること、また、弟子を育てる人々やチームを全世界規模で助け、また拡大させることに私を召してくださいました。シティ・チームは、私を正式に雇ってくれ、それから本当の挑戦が始まったのです。

私は、三十万km《キロ》も、アメリカ中や世界中を旅して、弟子を育てる人々やチームを訓練しました。行くことができないところには、スカイプや携帯電話を使って弟子を育てる人々を訓練しました。結果的に、これらの弟子を育てる人たちは、「**平和の子**」（注：本文で詳細が延べられます）を見いだし、ディスカバリー・グループを世界中で始めました。

二〇一一年の年末になると、シティ・チームから、オレゴン州ポートランドにあるシティ・チームのリカバリー・センターの主事となるように頼まれました。リカバリー・センターを通して、月に六千食、一年間に七万二千食が提供されています。平均すると、毎晩八十四人の人がシャワーを浴び、服を着、寝る場所が与えられています。私は、太平洋岸の北東地域における弟子を育てる運動の拡大に携わりながら、ホームレス、薬物常用者、アルコール中毒者たちの実際の必要に関わるポートランド・チームをリードしています。

父と私は、性格が全く違います。父は、考える人です。私は、感覚で動く人です。父は、非常に内向的です。（それに気がつく人は多くありませんが）そして、私は、外向的な性格です。父は、高校では、アメフトをし、私はと言えば、歌手としてコンテストに参加したりしていました。そんな大きな違いがあっても、「どうすれば、まだ、**イエスと愛の出会い**を持つことができないでいる何億という人たちを助けることができるだろうか」という、燃えるような共通の思いがあります。私たちは、教会の礼拝に出席する度に、悲しみを覚えます。なぜなら、現在行われているやり方では、教会の外にいる失われた人たちを決して教会に招き入れることができないと思えるからです。もし、あなたが私たちと同じような思いを持っておられるならば、この本が答えになることを願います。

この本の中に書かれていることは、すべて経験によるものです。私たちがイエスの弟子を訓練する過程で経験したことなのです。もし、神が、あなたを、**弟子を育てる運動**の拡大に召されているならば、この本があなたの召しを達成するための助けになればと願います。また、もし、神があなたを他のことに召しておられるならば、その召しに従って行くことにおいても、この本が助けになればと願います。

脚注① Jerry Trousedale. 2012 Miraculous Movements: *How hundreds of Thousands of Muslims are falling in love with Jesus.* Nashville, Tenessee: Thomas Nelson. Inc.

第一部　弟子を育てる人の考え方

第一章　弟子を育てる人は、失敗によって教えられた教訓を受け入れて前に進む

私（デービッド）は、「**教会開拓推進運動**」（注：定義は次頁後半参照）という用語が初めて生み出された会合に参加していました。マタイの福音書28章19～20節にある「行って、すべての人々を弟子とし、彼らに洗礼を授け、地域教会に加え、キリストのすべての命令に従うように教える」という**大宣教命令**を、宣教師を受け入れないグループでどのように展開したら良いのか、どのような戦略が必要かを話し合っていました。

当初の目標は、福音や、また外部からの影響に抵抗している地域、また、実際にそこに入って行くことが困難で、全く教会が存在していなかった地域に、一つの教会を建てることでした。ただ、そのような困難な地域で、一つの教会をスタートするために何でもいいから使える戦略は無いだろうかと模索していたのです。たった一つの教会が立ち上がれば、それは成功だと考えていましたから、何百何千という多くの教会を生み出すことになろうとは、全く予想してはいませんでした。

私たちの教団で、この挑戦に応える最初の働き人であった家内と私は、どのようにそれを実現していくか全く

分かりませんでしたが、リスクを冒して新しいことに挑戦した結果、教会開拓推進運動の成功者として見られたのです。私たちが誇れることといえば、私たちは失敗を恐れなかったことです。失敗したら、別のことをやろうと考えていただけなのです。

感謝なことに、私たちの教団は、よい調査能力を身につけるための訓練をしてくれていました。私たちは、宣教困難な部族の中で、どのように福音を伝えるか討議しました。また、祈りのネットワーク、安全対策、そして、伝達方法、事務管理のシステムをつくりあげていきました。そして、その結果、この人々に福音を伝えていくことは、私たちの手にかかっていることではないと分かったのです。なぜなら、私は、その国に入ることさえ許されていなかったからです。また、その部族の人々は、外部の人たちに対して簡単に応答しないだろうということも、いままでの経験からも分かりました。では、私は何をすべきだったのでしょうか。

神は、私の過去の多くの失敗から、キリストの弟子を育てることに焦点を当てるべきだということを教えてくださいました。私の教会や教団に従う人を育てるのではなく、イエスの命令に従う人を教えるべきだと気づかせてくださいました。この結果、福音を拒否していると思われていた人々の間で、やがて八万以上の教会が生み出されたのです。

当初、「**教会開拓推進運動**」という言葉の**定義**は、「宣教師の直接の関わりなしに自然発生的に始まる教会を立ち上げる」というものでした。しかし、働きが進むに連れて、私のチーム・メンバーと私は、私たちが訓練し、コーチングをし、メンターとなっている教会開拓者たちのために、この言葉の定義をもっと拡大しました。「地域の人たちによって導かれる福音の宣教であり、みことばに従う弟子づくりを土台とし、結果として三年間で、第四世代まで深まる弟子の広がりを持つ教会を建てあげること」としたのです。この本では、ポールと私は、この定義を細かく説明していきます。この文章を書いているこの時、全世界で、六十八の教会開拓運動が繰り広げられています。

教会のリーダーたちが、**教会開拓推進運動**の働きを展開すればするほど、幾つかの新しい発見がありました。その一つは、人々が、教会についての全く違う定義を持っていたということです。私たちが伝えた教会の定義が、人々の持つ教会の定義と異なっていたために、怒りだしたというケースもあります。私たちは「教会」という言葉で、私たちの持っている教会の定義を伝達したかったのですが、人々は、この働きに携わる人たちに疑問を投げかけました。「イエスは、ご自身が教会を建てると語られたのに、なぜ、あなたがたは、イエスがなさることを人々にさせようとするのですか。」これは、とてもよい視点でした。そして、私たちはこの疑問に答えていく必要がありました。

長い時間話し合った結果、神が救いの業を行うための私たちの役割を適切に表現するために、私たちは、「**弟子育成運動**」という言葉を使うことにしました。マタイ福音書28章16～20節の**大宣教命令**は、私たちに弟子を育てるように命じています。ここに書かれている弟子とは、その弟子が、また、さらに、弟子を育て、そして、その育てられた弟子が、またさらに次の弟子を育てるという意味を含んでいます。

信仰者たちは、まず自分がキリストに従いながら、男も女も次世代の弟子を育てる人々を訓練すべきです。私たちはまず、祈って、失われたコミュニティーとの関係を持ち、「**平和の子**」（神がすでに地域の中で初めて福音を受け取る準備ができている人々）を探し出します。そしてその人たちが、ディスカバリー・グループ（人々が、キリストを知るために帰納的な聖書研究法を用いるグループ）を通じて、イエス・キリストを発見し、信じた者がバプテスマを受け、やがて教会と呼ばれる信仰のコミュニティーに成長していくように助け、また、その中から育ってくるリーダーたちのメンターとなるのです。これらの明確な目的を持って行う活動によって、「弟子育成運動」が増え広がっていくのです。主の民がみことばに従う時、主が共に働いてくださり、「**弟子育成運動**」は、「**教会開拓推進運動**」になり、そして、主がすべての栄光をお受けになるのです。

私たちの経験からすれば、「**弟子育成運動**」をした結果として、初めて「**教会開拓推進運動**」となるのです。すなわち、一人の弟子が、主《しゅ》に忠実に従いながら、ほかの人を弟子として育て、その弟子がまた弟子を育て、リーダーがまたリーダーを育て、教会がまた教会を育てることです。もし、これらのことが行われてこなければ、それは、「**教会開拓推進運動**」にはなり得ないのです。

本当の弟子を育てる運動の方法とは、たとえどんなことが起こってもイエスのすべての命令に忠実に従う人々を教育し、訓練し、育てることに自分を律することです。結果は、早く出ません。指数関数的に増殖していくので、当初は、成長しているようには見えません。弟子が、弟子を育て、リーダーを育てることで結果が見えてくるのに、大体二年から四年かかります。同時に、リーダーたちが、弟子を育て、その弟子たちにみことばに従うことを教えることで、弟子やリーダーの増殖作用があり、二年から四年の間に、五人のリーダーが育っていきます。これらのリーダーたちが、二から四年かけて、他のリーダーを育て、その育てられたそれぞれの新しいリーダーたちが、また二年から四年かけて、他のリーダーを育てるといった具合です。結果として、あまり時間と労力を使わないで爆発的な成長を遂げているかのように見えてしまいます。

ところが、実際は、弟子を育てる運動には、非常に多くの時間と労力が必要です。リーダーたちは、他のリーダーたちを一人前に育てていくのに自分たちの生活のかなりの時間を投入します。教会は、キリストの教えに従い、教会の姿また機能を果たしながら、もっと多くのグループを作っていきます。そして、常に他の人たちが同じことをするように指導します。

福音に対して最も抵抗が強いグループでの中で、弟子を育てる運動を始めた最初の四年間は、全くと言っていいほど目に見える結果は得られませんでした。教団は、私が自分の奉仕において失敗したと判断し、私を懲戒処分にしようとさえしました。しかし、この間、私は五人のリーダーを一人前に育て上げました。これらの五人のリーダーが、さらに、二五人のリーダーを育て上げ、そして、さらに数百人の他のリーダーを育てたのです。

キリストの命令に忠実に従うように育て上げられ、訓練されたリーダーが増えるに連れて、一握りの教会が、もっと多くの教会に増えました。その成長した教会が、リーダーの訓練を継続することで、さらに、数百の教会に成長していきました。それぞれのリーダーは、何年間も他のリーダーを育てることに時間を投資します。何も早く進みません。ただ、マタイの福音書28章の**大宣教命令**に従って、より多くのリーダーが育てられるので、成長しているようには見えます。

ですから、弟子を育てる運動の法則では、成長は、迅速ではありません。たとえ早く進むように見えたとしても、実は、その成長はゆっくりなのです。一人の人が多くの人に福音を伝え、訓練するために集中した時間を費します。少なくとも、毎年二人の新しいリーダーが加わり、その新しいリーダーが同じ様に新しいリーダーを毎年二人育てることを願っています。リーダーが、増えていくに連れて、教会は成長し、どんどん増えていきます。

もし、あなたが、弟子を育てる運動を世界のどこかで始めたい、そして、神がなされる次世代の弟子たちを育て続ける運動を見たいと願うならば、キリストの命令に従順に従うリーダーを教え、訓練し、そして、彼らのメンターになることに自分をささげてください。長く続く弟子を育てる運動は、リーダーと弟子の訓練に多くの時間とエネルギーを注ぎ込みます。**弟子育成運動**は、いつも原因であり、**教会開拓推進運動**は、結果なのです。

第二章　弟子を育てる人は、福音の本質を明らかにし、決して文脈化しない

私が五歳の時、教会学校の先生から、紙とクレヨンを渡され、「イエスの絵を描きなさい」と言われました。私の教会には、イエスの絵や像はありません。それでも、本や、聖書の挿絵や、どこかに掛かっている絵などを見たことがありました。やっとのことで宿題を終えた時、私が描いたイエスは、驚くほど私にそっくりでした。白い肌、ブロンドの髪、青い目。私は、イエスが好きだったし、イエスをそのように描くことができたことを誇りに思いました。

大学生になった時に、学生会宣教プログラムに参加しました。その時、黒人の子どもたちのために働くようにと割り当てられました。それは、私にとっては、生まれて初めての異文化体験でした。

ある日のこと、資料を全部使い切ってまだ時間が余っていたので、紙と、色鉛筆、クレヨンを子どもたちに渡し、「イエスの絵を描くように」と指示しました。驚いたことに、子どもたちが書いたイエスは、黒い肌の黒人だったのです。

世界の教会には、ラテン系アメリカ人、アメリカンインディアン、東アジア人、南アジア人、東南アジア人、中

東諸国の人、そして、アフリカ人がいます。それぞれの文化を持つ子どもたちは、「別の描き方をしなさい」と教えられない限り、みな自分たちに似たイエスを描きます。これはごく自然のことです。そして、これも福音がすべての国々に伝わるための神のご計画の一部だと信じています。イエスは、ご存知のように、もう体も血もないお方です。ですから、聖霊が私たちに示してくださることによって初めて私たちはイエスにお会いすることができるのです。

異文化の中で、証しすることで困難なことの一つは、イエスを聖霊がお示しになる通りに私たちが示していくことなのです。イエスが人類に残された文化的な遺産とは、神の家族であります。父なる神は、創造主として、私たちがどのような文化的な背景を持っていたとしても、私たちすべてを神ご自身のかたちに創造されたのです。私たちの責任は、神の養子となった神の子として、神のかたちに似ることです。私たちは、自分に似たイエスを人々に紹介すべきではありません。なぜならイエスはそのような方ではないからです。もし、私たちが本当の姿に似ても似つかないイエスを宣べ伝えようとするならば、自分たちに対しても、また、相手の方々に対しても嘘をつくことになります。

一九七七年から、異文化の中で、イエス・キリストを証しする働きに自分をささげてきました。初期の頃、相手の文化に福音を文脈化するように訓練を受けました。この文脈化を理解していくうちに、それは、イエスを人々に似たように着飾らせて、受け入れられ易くすることでした。ちょっとお化粧をさせ、服を着せて、違う言葉を話させれば、彼らが拒むことができないイエスができあがります。

しかし、時が流れると、お化粧がはがれ始めます。服はすり切れ、いつまでたっても、自分が話すことばは、完全からはほど遠いことが分かってきます。そして、私たちがいつも理解しているイエスが現れてきて、相手を混乱させ、心を傷つけてしまいます。

どんなに一生懸命やってみても、イエスを相手の文化にちょうど合うように見せることはできませんでした。確かに、イエスを相手に受け入れられるよう化粧することには成功しましたが、その化粧をいつもきれいに保ち、服を新しくし、また、ことばをちゃんと使い続けることには困難を覚えました。どんなに、相手の文化を勉強したり調査したり、良い人間関係を作ったとしても、相手の文化を十分理解してその文化にイエスを文脈化することはできませんでした。私の服、食べ物、言語、家族関係のつくり方、共同体への関わり方、礼拝の仕方は、常にその文化からはずれたものでした。

私は、文脈化ということに疑問を持ち始めました。恐らく私自身が、異文化の中でイエスを宣べ伝えることに向いていなかったのでしょう。そこで私は、主にどうすればイエスを他の人に示していけるか教えてくださるようにと祈り始めたのです。主は、少しずつ他の人々の経験を通し、私自身の経験を通し、また、実際に起こった出来事を通して、私に教えてくださいました。

一九八五年から、世界でまだ全く宣教がなされていない地、また、ほとんど宣教がなされていない地域で働くのに、新しい局面を迎えました。私は、私自身が誰であるか隠して働きを進めなければなりませんでした。主が私を遣わしてくださった人々から遠く離れたところに住まなければならなくなりました。また、私の証しを通して救われた人々が殺されてしまった事実は、心に大きな傷となって残っていました。着飾ったイエスは、意味がなくなりました。その国にほとんど住むことができず、化粧をしてよく見せ続け、新しい服を着て、言葉を完全にする気持ちも残っていませんでした。他の道を探らなければなりませんでした。

他の道を探りたいと思わせる最初の経験をしたのは、まだ、私が相手国に住んでいた時に起こった時でした。ある日、私は、年取った店番の人に出会いました。彼は、皆に好かれていて、また、私が外国人だということに何の問題も感じないような人でした。ほとんど毎日のように話しをしました。私は彼が好きでしたし、彼も私が好きだったと思います。私は、自分がキリスト者であるということを隠しませんでした。実際、私が白人だということで、皆私がクリスチャンだと予想していました。彼は、自分がヒンドゥー教徒であることを隠しませんでした。

ある日のこと、私たちの会話の話題は宗教でした。伝道の訓練をされていた私にとっては、そのような機会が与えられたことに感謝しました。ところが、その機会というのは、一人の人を神の国に導くことにはならず、私にとって学ぶ機会となったのです。

その老人は、私に、キリスト教が良く分からないと言いました。彼にとって、自分の日々の生活の完全な一部となっている宗教をあきらめて、彼が理解しているキリスト教を自分の生活の一部とすることは全くといって考えられませんでした。その老人の一日は、彼の神に対する黙想、供物、また、祈りによって始まります。その日が進む中で、仕事の手を休め祈りと、黙想がささげられます。そして、売買が成立する度に、祝福の祈りがなされ、感謝をもって神に献金がささげられます。

すべての人が、彼の献身的な信仰を知っていました。そして、その献身的な生活は、家庭の中で、彼の個人生活において、また、周りの人にも明らかでした。彼が、私に投げかけた疑問は、長く深い考察と祈りへと私を強引に引き込みました。


「なぜ、私が見ることができない神のために、目に見える神をあきらめなければいけないのですか。」

「なぜ、毎日何度も礼拝している生活をやめて、週一度の礼拝に変えなければいけないのですか。」

「なぜ、私の仕事を見守り祝福してくれている神の臨在なしに、仕事をしたいでしょうか。」

「なぜ、人々が私の神への献身の行いを見ているのに、ことばによって私の清さを説得したいと思うのでしょうか。」

「なぜ、自分の人生を通してでなくて、ことばだけで子どもたちを教えようとすることができるのでしょうか。」


このご老人は、献身したクリスチャンの人生について、不十分な限られた知識によって曲がった見方をしていました。同時に、彼が知っている、あるいは、彼が観察していたほとんどのクリスチャンが行っていた個人的に行われていた礼拝の形というものが、明らかに彼に誤解を与えていたのです。これは、変えなければいけないと思いました。私が知っているイエス・キリストを理解できる、この人と同じ文化を持つ誰かを与えてください、そして、その人が、この老人の文化にとって意味を持った方法で、イエス・キリストを表現できるようにしてください。そう祈りました。

この人のために祈るうちに、私は、自分の文化でイエス・キリストを示すことをできる限り小さくしなければいけないと分かったのです。これは、イエス・キリストを他の文化に受け入れられるよう着飾らせることとは、全く違っています。自分がその相手の文化をよく理解していないのに、どうやって、彼らの期待、必要に応えることができるでしょう。無理です。でも、自分の文化は知っています。ですから、もし、私たちが聖書のことばに対して誠実に向き合い、私自身の考えや計画を批判的に見ていくならば、神が選んで備えてくださった方々によって、私の文化に適合され、作り変えられてしまっているイエス・キリストを、文化からほとんど切り離された形で表現することができます。神は、個々の文化に生きる人が、別の文化に生きるキリストを愛する人に出会う時に、その人が文化に付随する物を剥いで裸にし、彼らにとってのキリストに会えるように人を創造してくださったと分かりました。人類がそれぞれの文化の中で、最も愛に富んで、思いやりのある方法で、キリストを表現することができるように神は創造してくださっているのです。その結果、人々の人生が変えられ、神の国が広がることになります。

異文化の中での宣教を進める上で最も邪魔となっていたのが、私の体に染み付いていた**礼拝スタイル**でした。自分個人の礼拝も、共に行う公けの礼拝もそうでした。それで、新しい友人に礼拝について教える時に、私は礼拝の要素だけを教え、礼拝の仕方や形を教えなかったのです。しかし、これは決して容易《たやす》いことではありませんでした。私にとって自然にできることは、彼らにとっては異質なことです。私は、教えながら、彼らに質問をしていくことを学びました。

祈りについて教える時に、彼らにどうやって祈るかと聞きました。彼らは、自分たちにとって慣れた方法で、創造者なる神に祈り始めました。賛美について、教える時に、どのような歌を歌うかと聞きました。彼らは、何も神を賛美する歌がなかったのですが、私は、自分たちの歌を彼らに教えることはせず、むしろ、聖霊の導きによって彼らが自分たちの賛美を作るように指導しました。彼らは、自分たちの文化にあった独特の音楽と賛美で、神の栄光をほめたたえました。

人々に神について教え始めた時、彼らにどのように神の言葉を教えたらよいか質問しました。彼らの教え方は私の教え方とは違っていましたが、彼らの文化においては普通のことでした。説教することを教えた時に、キリストの教えに従うように勧めるのには、どうすればいいか彼らに聞きました。彼らの説教のやり方は、私が知っているのとは違っていましたが、そのやり方は、人々の必要に応え、文化に受け入れられるやり方でした。教会のリーダーの役割について説明する時に、彼らのリーダーは共同体でどのように人々を導いていくか聞きました。その結果、できあがった教会は、私が慣れ親しんでいる教会とは全く違うものでしたが、彼らの生き方ややり方にピッタリ合っていました。

母国の教会が週毎に集まるやり方とは違い、その人々にとって、礼拝や教会は、毎日のことであり、一日中続く彼らのライフスタイルそのものでした。このやり方は、ある人々には批判されましたが、私が自分の文化を持ち込んで彼らに示すことができたものよりも遥かに地域に受け入れられたものでした。そして、その地域に、強いインパクトを与えました。

　確かに、どんなに注意深く文化的な背景を取り去ろうとしても、聖書の教えの中には、人々の文化的な常識に反する教えがあることは確かです。例えば、この人たちの文化では、妻を何人も持つことが当たり前で、一生に一人の妻を持つという教えを受け入れるのが困難でした。このような時、神の言葉を教えなければなりませんが、さらに大切なことは、すべての神の言葉に従うことを教えなければなりません。マタイの福音書28章19〜20節の**大宣教命令**は、イエス・キリストが命じたすべてのことに従うように教えるべき訓戒が含まれています。私は、教理を教えることと、従うことを教えることは二つの全く違うことだと知りました。

　私は、宣教地に出かけた時に、教理の本をたくさん持って行きました。新しく生まれた信仰者たちに教えるためでした。ところが、教理の中には、文化に付随する物がすでに存在していることに気がつきました。教理とは、基本的に、ある教会や教団が、聖書で言っている真理だと信じていることであり、また、それを一つの文化においてどう生きていくべきかについて書いた教えだということです。時として、教理は、聖書の文脈から外れた形式や伝統を含んでいますが、聖書や文化の文脈の中に受け入れられるということで教理が発達して来たのです。たとえば、教会運営の仕方、教会のスタッフ、按手、洗礼や主の聖餐のやり方、牧師と信徒に関する教えや様々な教えの中に明らかに聖書的ではない文化の付属物が含まれているのです。異文化宣教においては、この文化的な要素を、福音の教えから取り除いていくことができなければなりません。これをするための最も良い方法は、聖書だけを教材として使うことで、人々に聖書についての私たちの持っている答えを聞かせるのではなく、彼らに聖書について直接質問することを許すことです。私たちは、一つひとつの質問に対する答えを出したり、すべてのことについての自分の考えを教えたりするのではなく、できるだけ少ない質問をすることによってみことばを教えていくことを学ばなければなりません。

私たちが進めている弟子育成運動の焦点は、いかに自分たちの持っている教理を忠実に受け継がせるかではなく、いかに人々が福音に従順となるかなのです。教理を中心とする弟子を育てるプログラムでは、キリストに従順になるための知識を教えますが、従順を中心とする弟子を育てるプログラムでは、私たちが生活のすべての点において、また、すべての状況において、キリストに従順となるにはどうすべきか、ということが強調点になります。新しく弟子になった人に質問します。問われる質問はいつも一つです。「キリストに従順に従うためにあなたはどうしたらいいのですか。」その人が正しい答えを出すために、適切な聖書の箇所を見つける手助けをしなければならないかも知れません。このような教えによって、信仰は、すべての場面や状況において、結果はどうなったとしてもキリストの命令に従うことだと定義されるのです。

ある村で初めて洗礼式を行おうとした時、村の長老は、見るからに動揺していました。その長老と家族は洗礼を受ける予定でしたが、その時が近づくにつれて、その長老は、さらに動揺し、怒りさえ持つようになり、こうつぶやくのでした。「これは間違っている」「これは、罪悪だ」と。熟練した働き人が、その長老に、一体洗礼式のどこが間違っており、どこが罪悪なのか説明してほしいと頼みました。すると、その村の長老は、「家族以外の男性が、家族の女性に触れることは間違っている」と説明したのです。教理の教えによれば、按手を受けた教職者が、洗礼を授けるべきであるとなっています。その働き人は、自問自答しました。このことにおいて、私はキリストの教えに忠実であるためにどうしなければならないか。そこで、彼はすぐにこの長老に質問しました。「まず、長老に彼が洗礼を授け、そして、この長老が残りの新しい信仰者たちに洗礼を授けるのはどうか」と。長老は、喜んでこれを受け入れ、洗礼式は無事執り行われました。

私たちは、今までやって来た洗礼式の形が福音を広めるための邪魔になっていること知りました。家族以外の男性が、自分たちの体に触れるということで、多くの女性たちが洗礼を受けるのを拒否していたのです。しかし、洗礼は按手を受けた教職者によって行われなければならないと聖書は命じてはいません。それは、単なる教会の伝統にすぎないのです。単に形を変えることで、洗礼式は、月に数回だったものが、毎週数十回あるいは数百回と行われるようになりました。それだけでなく、リーダーシップが、村人の手に渡されたということが非常に大きなことでした。かつては、働きの陰に隠れていた人たちが、家族に洗礼を授けるという霊的な責任を受け入れることによって、教会の主要なリーダーになり、やがて、多くの家庭や村々の真の霊的なリーダーとして成長していきました。

ここでお分かりのように、私たちが奉仕していたこの地域における洗礼は、主として家族全員で受けるものでした。「発見のプロセス」を通して、家族に福音が提示されました。これによって、社会から個人が浮いてしまうような伝道方法をさけることができ、信仰を持つことの結果として教会が生み出されることになりました。子どもや夫人が家族に福音が伝わるための入り口的存在になったとしても、後に家族の頭なる夫が、キリストに従う決断をし、結果として家族全員がキリストに従うことになったのです。これは、別の文化での働きと大きく違う点でしょう。もし、この地域での宣教において、伝統的な個人的回心を固持していたならば、教会の成長は、妨げられていたでしょう。

ある文化では当たり前の形式や伝統が、他の文化では、否定的な影響をもたらしたり、逆にほとんど影響もないという例が他にもあります。皆さんも、皆さんの働きの中で気がつかれたことがあるでしょう。異文化の中で主イエスを証ししていく働きの一つは、自分たちの持つ教理の理解や伝道方法から文化的な側面を取り除いていくことです。そうすることで、相手の文化に生きる人たちが、自分たちのことばで、みことばにふさわしい方法で、イエス・キリストを愛し、献身し、礼拝していくことを発見できるのです。

疑問は残ります。キリストの肌の色は一体何色なのでしょうか。異文化宣教においては、色は中性です。イエス・キリストがある文化の中におられる時、キリストは、その文化の構成員と全く同じような人です。キリストは、神とその義を、文化の中に示してくださるのです。また、キリストは、その文化の中にいるすべての人を計る物差しになってくださいます。人々は、キリストのことばに従い、彼らの愛は完全なものとなっていくのです。

異文化宣教の働き人の役割は、福音から自分の文化を剥ぎ取っていくことです。すなわち、注釈されていないまっさらな福音を、「あなたは、どのように、神が語られたことに従っていきますか」という質問をしながら提示していくことです。もし、その答えが、聖書の中に書かれていなければ、それを相手の文化に導入してはいけません。さらに、異文化宣教の働き人の役割は、もう一つあります。「あなたが、すべてのキリストの命令に従うために、あなたの生き方、あなたの文化はどう変わらなければならないですか」という質問を投げかけながら、福音をその人たちの文化にふさわしいものとしていく役割です。

自分の文化の中で働いている人は、自分の友人や家族に関わっていくことで、自分は異文化宣教の働き人ではないという弁解はできません。私たちが、イエス・キリストについていくことを選択すると、私たちの文化が変わり、価値観が変わります。自分に起こってくる争いをどう処理するか変わってきます。語ることばが変わり、趣味も変わってきます。イエス・キリストに従う決断をしてから二年以内に、私たちは、自分の持って生まれた文化に適用できなくなります。私たちは、変わり、他の人たちは変わらずに残されます。

私たちの友人や家族を、キリスト者の活動に招いたり、信仰について彼らと会話した時、かなりの誤解や、不一致が起こるのは、恐らく、彼らの文化の一員ではないのに、同じ文化の一員として彼らに関わろうとしてしまっているからなのです。福音を文化の枠組みから外すことに力を入れる必要があります。そうすれば、私たちの友人や家族は、文化の付属物なしで福音を聞くことができ、それを自分たちの文脈に当てはめる機会を得ることになります。

（注：外国という異文化での働きを前提に、著者は語っています。しかし日本という、世界で二番目に未伝の人口が多い未伝地域では、ここで著者が語っていることが、当てはまります。でき上がったキリスト教を提示するのではないという主張です。）

第三章　弟子を育てる人は、自分たちの宗教の複製を移植するのではなく、福音を植えつける

私は、初めから家の教会運動を始めるつもりがあったわけではありません。今日でさえ、私が新しい地域で新しい人々と働く時、家の教会運動を目標とはしません。むしろ、イエス・キリストの福音を通じて、社会のあらゆる階層の失われた人と出会い、その人たちの必要に応える形で働きます。私たちの目標は、失われた人たちの必要が応えられ、福音が語られ、家族や、小グループがキリストに導かれ、地域が新しくつくり変えられ、新しい教会が生まれることです。これが達成される時に、地域教会がどのような形をとっていくかについて、あらかじめ持っていた考えがある訳ではありません。（このことについては後にお話しします。）

教会は、キリストのものですし、教会がどのように成長し、どのような形を取っていくのかは、主がお決めになることです。確かに、キリストを信じている人たちは、キリストのからだとしての役割を果たしますが、頭《かしら》はイエス・キリストなのです。社会の様々な階層に属する人たち、また、様々な文化に属する人たちは、それぞれがそれぞれの置かれたところで神の言葉に従い、聖霊の導きに従っていくので皆違った形の教会を形成すること

になります。弟子を育てる人がすべきことは、福音を率直に、また、できるだけ文化から切り離した形で提示していくことです。家族、小グループや個人がキリストに導かれる時、私たちは、聖書は何を語り、どう従うべきかを彼らが発見できるように、自分たちが見本を示しながら、語り、また、導きます。神の言葉が、キリストに従順に従うために、すべての人が、同じように主を礼拝し、同じように祈り、同じように主に奉仕し、同じように断食し、同じように賛美することや、その他どんなことにおいても同じようにしなければならないと教えているとは思えません。私たちは、それぞれが置かれているところで神の言葉に従います。ですから、違いが出て当然です。でも、従うことは続いていくのです。ある地域において、結果として家の教会という形になるかも知れません。また、別の地域では、もっとその地域にふさわしい形をとった教会に導かれていくことでしょう。

　私たち主の働き人が持つ文化の特長が宣教の働きの中に浸透していかないようにすることは、私たちが直面する最も大きなチャレンジです。それぞれが持つ固有のキリスト教文化が、弟子を育てることにおいては、否定的な影響をもたらす可能性が大きいのです。私たちの経験によると、現代においては、キリスト教文化との関わりを持ちたくないと願っている人が、どんどん増えています。実際、キリスト教文化が、（神ご自身が聖書の中で教えていることと一緒にしないでいただきたいのですが）、多くの場合、人々がイエス・キリストを信じるようになるのを妨げているのです。さらに、多くの人が、宗教と感じるもの自体と関わりたくないと思っています。ですから、私たちは、教会でしか使われない用語や、文章や、表現などを使うのを避けます。北米のほとんどの人は、キリスト教に触れています。（主要都市では、これは急速に変化してはいますが、）ですから、人々に起こっている宗教的な経験や考えを描写する時に、キリスト教の表現を適用することは、決して珍しいことではありません。でも、私たちは、この決断を彼らに任せます。

私たちは、自分たちの教会の中や、団体で使われている言い回しや教理が、できるだけ宣教する相手のネットワークの中に伝わらないように最善の努力をします。具体的には、次に挙げたようなプログラムややり方に陥らないように気をつけています。

◆ある固有の教会、教団、あるいは、教理的な立場を支持し、それに似た教会を始めることに焦点を当てること。
◆リーダーを育てるための正式な制度化された教育。
◆指導者としての資格を持つリーダーたちの正式な按手。
◆「教会」と呼ばれる建物を建てる働きに重点を置くこと。
◆教会のあらゆる面における強い管理体制。

誤解しないでいただきたいのですが、これらが皆悪いと考えてはいません。どのような教会を建てるのか、また、どの人がまたどの教会が教団のメンバーとして受け入れられるのにふさわしいのか、その教会や教団に属する働き人がどのような資格を持つべきなのかは、どの教会も、また団体も、決定する権利を持っています。しかし、これらの必要条件は、聖書のみことばの外でつくられたものであり、開拓教会が成長するスピードを抑えてしまいます。また、長年行われて来た「**教会開拓推進運動**」を、単に、「**弟子育成運動**」とか、「**次世代の弟子を育てる運動**」とかに名前を変えることによって働きが進むわけでもありません。

もちろん、このことで私は自分の教団とのトラブルに巻き込まれました。教団は、私たちが建てる新しい教会は、すでに建てられている教団の教会に似たもの、また、教団の教会らしいものを要求します。たとえ、それが過去において障害となり、また、今でも新しい人々を福音に繋げていくのに障害となっているとしてもです。統計によれば、伝統的な教会は、人口の増加に反して、後退しています。確かに、伝統的な教会が、今日においてもある一定の役割を社会において果たしていても、今までなかったような数の人々がそのキリスト教を否定し、何か異なったものを探し求めているのが現実なのです。

福音を文化から切り離すということは困難です。私たちは、弟子を育てようとする時に常に私たちのキリスト教文化と闘っています。多くの人は、ある日は、伝統的なキリスト教世界の中で働き、次の日は、アンチキリスト教の世界の中で働きます。私は、一九七三年から、一九九七年まで教団の環境の中で働きました。その文化にどっぷり浸かった二十五年間を無視し、ひっくり返し、あるいは変えていくことは困難です。でも、私は、変え続けていく道を選んでいます。教会の色が無くなれば無くなるほど、私は、より霊的に豊かになり、主の弟子を育てることにおいてもっと効果的な働き人になることができるのです。

私たちは、宗教と信仰を決して同等に考えてはなりません。宗教の目標は、どのように教会を「運営する」かであり、信仰は、神と私たちの関係をどう生き抜くか、また、私たちの家族、私たちの地域が変えられていくように人との関係をどう生き抜くかであります。失われた人々は、大体の場合、宗教は拒否しますが、信仰に生きる霊的な人たちには、惹きつけられるのです。主の弟子を育てる時、私たちは、できるだけ**非宗教的**になるように努力します。すべての場所で、私たちは、霊的に成長することを願います。すなわち、どこにあっても、イエス・キリストを通して神との関係を深めることであり、聖霊の力が私たちをつくり変え、私たちの家族や地域の人たちが、イエス・キリストに対して積極的になるように、影響を与えることです。

私たちが、人々を愛する時、その人たちには分かります。私たちの行動は、私たちのことばよりも、もっと多くを語ります。なぜなら、私たちの愛の姿を見ると、私たちが語ろうとすることばに耳を傾けたいという思いが、人々の心に働くからです。私たちが人々を愛し仕え、彼らが神を自分自身で発見するようにと彼らを導く時に、人々はキリストのところに来るのです。

第四章　弟子を育てる人は、教団名が付いている教会の持つビジョンや団体そのもののゆえに、主の大宣教命令を達成することがいかに困難かということを認識している

まず始めにお伝えしたいことは、私（デービッド）は、反教団、反教会、あるいは反キリスト教団体ではないということです。教団に属する働き人として五十年に渡って奉仕してきました。現在、ポールと私は、福音的な団体で働いています。

しかし、私たちが気がついているのは、ある特定の教団名のついた教会を成長させようとする宣教の働きによっては、イエス・キリストの**大宣教命令**を達成することは困難だということです。歴史的に見ると、それぞれの教団の名前がついたキリスト教を広げることこそが、宣教そのものでした。確かに、世界のあるところでは、教団は成長してきました。しかし、教団の特徴は、教団の教会や開拓した教会が、独自の聖書解釈を強調し、また、その教団が作られてきた歴史を重視することにあります。それぞれの教団は、皆聖書を土台とし、また、発生の歴史を基礎にしています。また、自分たちの教理や慣習に、厳格に時には緩やかに従うことを要求します。しかし、

教理とは、たいてい聖書が言っていることがらを要約したものであり、悪ければ、聖書からかけ離れた単なる教会の歴史の産物でしかありません。礼拝の持ち方、リーダーシップの構成、教会運営の形などは、たとえ、すべての教団が聖書に基づくものだと主張したとしても、多くの場合、聖書以外から取られたものです。

それぞれの教団は、自分たちの立場を維持するために、聖書のある部分を無視するか極小化し、また、強調します。また、自分たちの教理が、土台としている聖書箇所によっては支持できないと批判を受けると、いわゆる「釈義ごっこ」をします。あるいは、その教理は現代の状況には、そぐわないものとして再定義するかもしれません。

これらの団体の多くは、歴史的、非聖書的な信仰や教会の慣習を聖書のレベルまで引き上げます。あるグループは、この慣習に公然としがみつきます。他のグループは、自分たちは、そのようにしがみついてはいないと言って否定しますが、実際の行動が、肯定しているのです。もし、あなたが、特定の教団に属しているなら、組織の持つ信仰や慣習が、聖書全体から照らしてどうであるか考えてみてください。まず、教団の持つ教理や慣習のうち、もっとも譲れないもの（その団体が他の団体を批判する点）に目を留めることです。

そして、ここに問題があります。これらの団体の礼拝出席記録を見ると、多くの場合、たとえそれが国教会のある国々であったとしても、ほんの少しの人しか礼拝に出席していません。ほとんどの場合、二から五パーセントしか人々を惹きつけていないのです。特定の教団の教会に行きたいと思っている人はすでに出席しています。他の人は、特定の名前のついた教会について知っていても出席しようとしません。実際、多くの人が、特定の教団の教会の一員になることを願いません。

ですから、特定の教団の教会が心地良かったとしても、最大で、人口の五パーセントしか惹きつけていないのです。なお残念なことに、これらのメンバーの多くは、特別な集会にしか出席しないのです。

ですから、どの教団の教会であったとしても、その教会が**大宣教命令**のために働いている教会であったとしても、どうして、イエス・キリストを世界に届けることに成功していると言えるでしょうか。特定の名前がついた教団の教会は、すでに一六〇〇年（注：恐らく全教会が集まった最初の**ニケア公会議**を起点としていると考えられます）存在して来ましたし、自分たちをクリスチャンだと呼ぶ人たちは、多くても全世界の三二％です。実際は、自分をクリスチャンだと呼ぶ人たちの二〇％しか定期的に教会活動に参加していないのです。

もし、今まで私たちがやってきたことをこれからもやり続けるならば、結局同じ結果をもたらすことでしょう。特定の名前がついた教団によって**大宣教命令**のためにと用いられてきた宣教の方法は、一六〇〇年間、そして、一五一七年に始まったプロテスタントの宗教改革からも何百年にも渡って成功してきませんでした。実際のところ、現在、キリスト教は、世界のほとんどの場所で歓迎されていません。原因は、私たちが、自分が、イエスのようにならないで、イエスを自分たちのようにつくり上げたことによります。そのこと自体、最も卑劣な偶像礼拝の形です。教会は、なぜ、人々が自分たちの宗教に魅力を感じていると勘違いしてしまったのでしょう。実際、人々は、私たちの宗教の働きを見て、そして、教会を拒否したのです。そして、キリスト教の中心に位置しているのは、自分たちの教団を売り込もうとする組織なのです。

特定の教団名がついたキリスト教のもたらすもう一つの弊害は、リーダーたちが、教会を導くための資格を得るために、広範囲にわたる教育を受けなければならないことです。このことから来る弊害は、**大宣教命令**が完了する希望を取り去ってしまうことです。教育に用いられるための時間が終わる前に、どの世代も死んでしまうでしょう。全部の神学校、聖書学校、教会のネットワークの総力を挙げても、**大宣教命令**を達成するための十分なリーダーを生み出すことはできません。あの第一世紀の、教育を受けていない漁師が、新しい民族、国々、町々に入っていって、何か月もしないうちに教会を建て、次に移っていくその姿から、私たちは遥か遠くに来てしまいました。単純さを失ってしまったことで、リーダーをすばやく増やしたり、民族の間を効果的に動き回る能力を失ってしまったのです。新しく生まれた信者を、過剰な訓練と過剰な管理によって、全世界に福音を届けることができる成長のプロセスを止めてしまっています。

イエスは、十一人の人たちを残しました。ある者たちは、疑い、丘の上に立っていました。ある者は、教育を受けていませんでした。ある者は、反逆者たちでした。これを見て、イエス・キリストが、弟子たちに、また教会に与えた使命を達成するための、準備は全くできていないのではないかと、人々は考えたことでしょう。でも、もし、イエス・キリストご自身が、**大宣教命令**を前進させるために、この十一人のリーダーたちで十分だと考えたのならば、恐らく私たちは自分たちが今行っていることをもう一度考えてみる必要があります。

弟子を育てる運動は、第一世紀に行われたことを実行することに他なりません。福音を人々に伝え、主に忠実に従うように教え、キリストの忠実な弟子に育てることです。また、その人たちがたとえ困難を覚えたとしても、自分たちの生活の中で、神の言葉に従う生き方を彼らに委ね、そして、人々が、自分たちの方法で礼拝し、リーダーを育て、自分たちらしい教会を建てていくことを「聖書に従う限り」という制限の中で任せることです。

名前がついたキリスト教を成長させようとする諸団体が、互いの違いを忘れ、教理を伝えることではなく、福音を移植していく姿に戻っていくならば、**大宣教命令**を完成するチャンスがあるのです。ある教団名がついた教会のために回心者を得るのを止めて、キリストの弟子を育てることに方向を変えていくならば、私たちは、**大宣教命令**を達成するチャンスがあるかも知れません。そのような方向転換をするまでは、キリスト者たちは、先輩たちが犯した間違いを繰り返す運命にあります。ポールと私は、過ちを繰り返すのではなく、過ちから学びたいと願っています。

（注：著者のワトソンさんは、米国でも最も教派色の強い南バプテスト連盟の一員です。バプテスト教会を開拓することに情熱がある団体です。その中から、ここで述べているところに到達しました。また教理という言葉も、教派の主張、バプテスマの方式、聖餐式の方式などを意味する広い意味で使っています。）

第五章　弟子を育てる人は、弟子を育てるための戦略が、地域社会の組織によって決定されると認識している

組織、戦略、また、方策は、密接に連携しています。実際、組織は、戦略と方策を決定します。たとえば、もし、軍の目標が山を征服することであれば、この目標によって、兵力と必要な装備が決定されます。車輪がついている車両は必要ありません。むしろ、必要な手段は、険しい山肌を歩きで征服するために特殊訓練された地上部隊です。

組織が、戦略と方策を決定するのですから、たった一つの道具で全部の状況に間に合うはずはありません。もし、陸軍が、たった一つの戦車しか所有していなければ、いつどこでその戦車を出動させるかということに働きが限定されてしまいます。ですから陸軍は、多様性を持ち、組織において柔軟性を持っているのです。都市戦闘員たちは、砂漠の戦闘員とは異なった訓練を受けます。海上部隊は、航空部隊とは、異なった訓練を受けます。

最近出版されている弟子を育てることについての記事は、組織について多くが語られています。「**家の教会**」のような小さく有機的な組織と、「**メガチャーチ**」のようなかなり制度化された伝統的な組織の間で議論が交わされ

ています。教会の中には、地域社会の周りに建てられた教会もあります。また、プログラムを中心に組織された教会もあります。また、聖書の知識を得ることを強調する教会もあり、小グループを強調する群れもあります。ある教会は、大きな会衆で礼拝することを好みます。そして、これらの組織についての話しは、すべて意味が無いと考える人たちもいます。

ほとんどの神学校、聖書学校、また、教会では、その教団の独自性を保持する教会を生み出したり、成長させていくように訓練していきます。メガチャーチは、メガチャーチを生み出そうとし、さらに大きな教会を建てようとします。家の教会は、家の教会だけしかつくりません。そして、時に、それぞれの団体は、他の形はすべて不適切あるいは悪だと教えるのです。弟子を育てる働きをする時、派遣した教会の組織だけを目標としていくならば、それはまるで地上軍が、様々な目標を奪取するのに、たった一つの戦車と戦法に固執して戦うようなものです。もし、戦う軍の組織が、たまたま勝利するための戦略と一致していれば、その軍隊は勝利できますが、ほとんどの場合、敗退します。なぜなら、どんなに良く訓練されていてやる気が十分あっても、たった一つの戦車では、泥沼や湖や川もある目標を征服することはできないからです。

ですから、目標とする組織こそが、戦略や方策を決定するのです。戦略を実行するために用いられる方策が、組織を決定するのではありません。

残念なことに、ほとんどの弟子を育てる働きが、開拓がなされている地域社会にではなく、開拓伝道をしている教会の組織（すなわち、道具あるいは方策）に焦点が当てられています。もし、新しい教会を始めるために、派遣団体や派遣教会の組織に働きが限定されるならば、ほとんどの場合、その働きは、失敗する運命にあります。なぜなら、その働きに携わっている人々は、自分たちの持っている道具や方策の組織に焦点を当てていて、目標である人たちや社会の組織に焦点を当てていないからです。

大都市での働きは、田舎での働きとは違った方策が必要とされます。定住している部族の文化は、遊牧民の文化とは違った方策が必要とされます。組織が違うのです。遊牧民の社会で開拓の働きを始めるのに、建物を使って始める人がいるでしょうか。部族を形とする社会の中で、民主主義的な政治形態を持つ教会を用いる人がいるでしょうか。社会の組織を変えることによってのみ、開拓伝道者の持つ組織に、地域の人々を移すことが可能でしょう。でも、それは、地域社会の組織にふさわしい教会を始めることよりも、遥かに複雑で困難な仕事です。

私（デービッド）が、二十年以上前にインドに行った時、経験のある宣教師に言われました。「あなたはインドの文化を変えられないよ。あなたが、インドの文化に自分を合わせていくだけだ。」最初、私は、このことは、新しい言語と文化を学ぶことに関わるストレスについての話しだと思ったのです。今では、そのことが、単に私が話し、食べ、トイレに行くというような単純なレベルのことではなかったのだということが分かります。

インドの教会が自分たちの力で開拓を繰り返して増え拡がっていくための教会組織は、インドの文化と地域社会の組織によって決まるのであり、私が快適に思う母国の教会の組織によっては決まりません。実際、私が彼らの社会で適切と思える組織を私が決めるということなんて不可能に近いのです。ですから、彼らの地域社会の組織の中で、私が機能する働きを続けるために、私の用いる戦略は柔軟性がなければならず、かつ、地域の人々の求めによって決定されるものでなければなりません。

例えば、ある地域においては、教会が始められ、成長し続けていくためには、建物がない青空の下で集まることが求められました。他の地域では、家で集まるグループが必要でした。また、さらに別の地域においては、非常に組織化された建物を中心とした教会が、その地域社会に一番ふさわしかったのです。

ある地域社会の組織がどのようなものかを判断していくことを、「**世界観の研究**」と呼びます。この研究をすることで、外部の人がその地域で働くための方策を立てる前に、地域の社会的構造がどんなものかかなり理解することができるようになります。弟子を育てる人たちの中で賢明な人たちは、実際にその地域で働きを始める前に、この目標と戦略を理解しようとします。なぜなら、目標とする組織が違ってくれば、そこで働くための戦略も変わってくるからです。そして、地域の人たちが戦略立案に加わる時に、また、その働きをリードしていく時に、用いようとする戦略は最も良いものとなります。

弟子を育てる運動の働きを観察したある人たちは、この戦略は、田舎でしか通用しないと考えています。これは、田舎の方が、都会よりももっと単純な社会組織を持っているからだと私たちは考えています。そして、田舎社会では、教会を始めるのに必要なのは、それほど沢山の方策を必要としないということです。私たちが、都会での弟子を育てる働きをした時に、都会に出て来た村人たちの間で行いました。ですから、そこでは、基本的に、田舎と同じ方策が町で使われました。都会の環境の中にあっても移住する前の田舎の組織があると分かった私たちは、それにふさわしい方策を適用しました。

つまり、一部の都市で見られる弟子を育てる運動のような弟子づくりは、実際には弟子を育てる運動になってはいないということです。それは、単なる都会の環境の中に移って来た田舎の人々の間でうまくいった田舎の弟子を育てる運動方法の副産物なのです。大都会の複雑な社会の中で、自然発生的に教会を生み出す動きをスタートするための方策は幾つかあります。ただ、弟子を育てる人たちによってこれらの複雑な組織にどう対処したらよいかという対応ができていなかったので、都会では、あまり成長が見られないか、あるいは全く成長できないのです。

大都会は、非常に複雑です。大きな都市には、文字通り何千というコミュニティが存在し、福音を届けるには、一つの方策あるいは、いくつかの小グループの方策では対応しきれません。大都会において成功するには、何千という方策が必要になるでしょう。都市に住む人々の様々な趣向に対応するためには、今までに建てられてきたありとあらゆる種類の教会だけではなく、もっと多くの種類の教会が必要です。ポスト・モダンやポスト・クリスチャンの都市に住む、周囲と関わりを持ちたくないと思っている人たちの必要に応えようとするならば、地域にふさわしい教会や礼拝の新しいやり方を生み出していくという特権を、その地域の人々の手に渡していかなければなりません。

ここで述べてきたように、地域社会の組織が、これからどのような教会を開拓するのか、また、地域社会に福音を伝えるためにどのような方策を使うのかを決めていきます。もし、私たちが、自分たちの特定の名前のついた教会だけを信じ、あるいは、私たちが知っているほんのいくつかの教会に基づいてのみ、宣教の方策を決めようとするなら、弟子を育てる働きに失敗するでしょう。成功するためには、地域社会に根ざした方策を創造的に多様性を持ったものとしてつくり出していくしかありません。独創的な考えは、地域そのものの中から出てくるのであって、複雑な地域をほとんど理解しない外部の者からは出てきません。

「弱い人たちには、弱い者になりました。弱い人たちを獲得するためです。すべての人に、すべてのものとなりました。何とかして、何人かでも救うためです。私は福音のためにあらゆることをしています。私も福音の恵みをともに受ける者となるためです。」(Ⅰコリント9章22〜23節)

第六章　弟子を育てる人は、注意深くしていないと、自分の文化や母国の教会での習慣が、弟子を育てる働きにマイナスの影響を与えることに気づいている

世界には、何千という種類の教会がありますが、福音はたった一つです。もちろん、私たちの希望は、すべての教会が福音に根ざすことですが、新しい教会が始められる時何がその教会の土台となっているかを考える必要があります。新しい教会の土台は、宣教する人が育った文化的遺産と伝統がしっかりと根付いている元の教会でしょうか。それとも、新しい教会の土台は、イエス・キリストの福音でしょうか。

教会には、聖書の教えと、その教えに忠実に生きていくことを示す文化的表現の二つがあります。その文化的表現とは、長い年月を経てつくり上げられ、また、異なる文化や時代から借りて来たものかも知れません。教会内の人たちは、誰に聞くこともなくその教会文化がどこから来たのか理解しています。しかし、弟子を育てる時には、私たちの慣れ親しんだ教会文化を、これから立てようとしている新しい教会の土台とすべきではありません。それは、失敗を招きます。（失敗という意味は、教会が新しい文脈の中で自然に増殖できないという意味です。）

私たちが、弟子を育てる運動を押し進めようとする時、増殖が行われているかどうかによってその運動が成功しているかを判断します。だれがいくつの教会を開拓したかということはどうでもいいのです。誰かが、百の教会を開拓したと言ったとします。私たちが問いかける次の質問は、「あなたが、開拓した百の教会は、次の年いくつの教会を開拓しましたか」です。弟子を育てるリーダーの成功は、そのリーダーが毎年何人の新しいリーダーを生み出すかによって決まります。

最近の弟子を育てる運動の訓練会で、私（デービッド）は、訓練生たちに聞きました。「私が訓練している人たちは誰ですか。」

訓練生たちは、周りを見回し、「私たちです」と答えました。

「いいえ、違います。私は、あなたがただれかを訓練する人になるためにここに来ています。」そう私は語りました。

弟子を育てる運動の成功は、簡単に見つけることができます。それは、四世代の弟子が存在しているかということです。すなわち、私が訓練した人たちがいます。私が訓練した人たちが訓練した人たちがいます。そして、私が訓練した人たちが訓練した人たちが、訓練した人たちが存在していることです。

私たちは、四世代、あるいはもっと次の世代を持つリーダーたちを育てるか、この働きに失敗するかどちらかしかないのです。ですから、私たちは、一緒に働くリーダーたちに言います。「あなたがメンタリング（第十八章参照）している人々について話してください。それから、あなたがメンタリングしている人々がメンタリングしている人々についても話してください」と。いつでも、最低四世代の人たちが存在することを意識していなければなりません。良いリーダーとされる人は、みな自分の下に二つの世代がいて、自分の上に二つの世代がいることをいつも強く意識しています。

さて、弟子を育てることに戻りましょう。あなたの文化を共有していない外国人に、あなたの文化を受け継がせていくことは、極めて困難なことです。なぜなら、人々は、新しい文化に適応するために、自分の文化を後に残していくか、失うかの選択肢がないからです。ほとんどの人が、この障害を、乗り越えようとはしません。なぜなら自分が他の人と違うと見られたくないからです。ですから、教会が新しい教会を始めるにあたり、他からの教会文化を持ち込んで、その教会の土台とすることは、困難あるいは不可能です。

では、一体私たちはどんな種類の教会を開拓したらいいのでしょうか。私たちは、イエス・キリストの福音を植え付けることに努力しますが、その福音が個々人、家族、また地域共同体をつくり変えていくままに委ねます。そうすることで、文化的に適切で、また文化的にも贖われた教会が出現してくるのです。福音を伝える時に、私たちは尋ねます。「もし、これが神様から出たものであるならば、あなたはどうしたいですか」と。信じる人の役割は、イエス・キリストの福音に従順になるべきで、福音が、自分を救い、家族を救い、共同体を、また文化を救うのだと私たちは強調します。

新しい信仰者が、福音に従順になる時、礼拝は、彼らの文化から湧き出てきます。そして、その礼拝は、神の言葉という枠の中で彼らの文化に受け入れられるものとなります。彼らが、神の言葉と格闘する時、新しいリーダーたちが育ってきます。そのリーダーたちは、神からでていないものを排除し、福音によって新しくされる時、その地域の文化に似ているけれど、神の言葉によって贖われた独特な教会が育ってきます。教会は、神の言葉に従順になることで現れてきて、外国の文化や時代からの影響は受けない、自分たちの持つ文化特有の方法で、自分たちを表現していきます。

蒔かれた福音の種がその文化の中で成長していきます。このことで、教会は、自然に、また、早く増殖ができるのです。同様にリーダーたちも増殖されます。正に、「弟子」ということばが定義するように、より多くの弟子たちを増殖していく弟子を作っていくのです。

このモデルにおいて、だれもが、次のような質問をするように訓練されます。「この状況の中で、どのように私は（私たちは）神の言葉に従順となるか。」どんな代価を払っても、例えそれがいのちを失うことであっても、神の言葉に従うことを選び続ける行動によって信仰が定義されます。

このような教会が、私たちが植え付ける福音によって生み出されてくる教会です。彼らは、従順で、成長し、教会の一部として、教会を建て上げていくことの自然な結果として増殖していきます。初めはゆっくりです。しかし、指数関数的に非常に早く増殖していきます。彼らは、弟子を育てる弟子運動を展開する弟子になるのです。

（注：マニラで約三十年前にスタートしたいくつかの運動は、どのレベルのリーダーも、数世代のリーダーの層を意識しています。小グループで、人が育てられ、イエスの弟子となり、リーダーとして用いられています。）

第七章　弟子を育てる人は、従順に生きることの重要性を理解している

聖書は、**従順**について多くのことを語っています。私たち自身の人生、私たちの教会、また、宣教によって生み出された教会の姿を見る時に、従順との闘いが続いていることに気づかされます。現代の教会は、クリスチャン生活をあまりにも簡単にし過ぎてしまいました。その結果、確かに教会に出席する人数は、増加しましたが、人々に解決よりは、もっと多くの問題をもたらせてしまったのです。私たちは、救いの定義を簡単にしてしまったので、人々が、「信仰告白」をしたり、教会のメンバーになったりすることがあまりに簡単になり、神の言葉に従わない生き方を続けています。私たちは、教会内のポジションを増やし、もっと多くの人が教会の中に容易に入れるようにし、政治的にも人々に受け入れられる立場を主張し、他の人たちに印象を良くするために、聖書の基本的な教えの中で最も大切なこと、すなわち、従順に生きることを捨て去ってしまったのです。

イエスは、ヨハネの福音書の中で、「**従順であること**」を「**愛すること**」と同等に置いています。そして、ヨハネは、手紙の中でこの原則を次のように言い換えています。

◆「もしわたしを愛しているなら、あなたがたはわたしの戒めを守るはずです。」（ヨハネ14章15節）
◆「わたしの戒めを保ち、それを守る人は、わたしを愛している人です。」（ヨハネ14章21節）
◆「わたしを愛さない人は、わたしのことばを守りません。」（ヨハネ14章24節）
◆「神の命令を守ること、それが、神を愛することです。神の命令は重荷とはなりません。」（Ⅰヨハネ5章3節、4節）

キリストに従順に従うことなしにキリストへの愛はないことは、イエスのことばやヨハネが書いていることから明らかです。礼拝賛美をどんなに美しく歌ったり、私たちはイエス・キリストを愛していますとすべての人に語ったとしても、私たちの生活のすべての面で主に従っていないならば、それらの賛美や言葉は、意味がなく、かつ偽善的です。私たちの気持ちやことばが私たちの愛を規定しません。私たちのイエス・キリストに仕えるための動機、また行動、そして従順さこそが、イエス・キリストへの愛を規定するのです。

神の命令、また、神の教えに従うことが、信じるものにとって直接益となることを、聖書は教えています。時として、この益は、キリストの体としての共同体にももたらされます。また、時には、この益は、個人的なものです。申命記6章1～3節には、こう書かれています。

「これは、あなたがたの神、主があなたがたに教えよと命じられた命令、すなわち掟と定めである。あなたがたが渡って行って所有しようとしている地で、それらを行うようにするためである。それは、あなたの一生の間、あなたも、そしてあなたの子も孫も、あなたの神、主を恐れて、私が命じるすべての主の掟と命令を守るため、またあなたの日々が長く続くためである。イスラエルよ、聞いて守り行いなさい。そうすれば、あなたは幸せになり、あなたの父祖の神、主があなたに告げられたように、あなたは乳と蜜の流れる地で大いに増えるであろう。」

旧約聖書の中にある従順に生きることの祝福は、しばしば共同体に与えられる祝福として描写されます。主《しゅ》なる神は、主の民が、従順に生きることを自分に対し、次の世代に対してしっかりと教えることの結果として、次に続く世代が主を恐れ、長寿を享受し、国に関する物事がうまく進み、その国民が、その地において多いに増加することを約束しています。主を恐れることとは、天地の創造者である神への畏敬の念をもって生きることを、選び取っていくことです。ですから、私たちも、主が語られたことをそのとおりに行うことを選択していくのです。また、旧約聖書のこの箇所は、教会に対して多くを語ります。なぜ私たちの教会が成長しないのかを吟味する時に、私たちがその置かれたところにおいて成長していない理由は、私たちが主を恐れることをしないから、また、私たちの教会で、神の律法、神の諭し、神の命令に従って生きることを教えないからだと、単純にその原因を説明することができます。**大宣教命令**にある教えの目的と、この申命記の箇所にある教えの目的は、同じです。従順に生きることなのです。律法ではありません。私たちの多くは、律法が何か知っています。何が正しく何が間違っているか知っています。しかし、従順に生きることでどのような結果になるとしても、正しいことに従い、間違ったことを避けるべきだとは、教会で教えられていません。従うということは、その結果、自分の益にならなくても、また、従うことで不利な立場に置かれてしまったとしても、正しいことを行うということです。共同体の誰かが、主に従って生きる時に、たとえその信仰者個人にとって不都合であっても共同体全体にとって益となり、その結果、皆が主を恐れ、その共同体が長く存続し、構成人数を増やしていくのです。

次に挙げる神の言葉の約束は、共同体と個人に適用することができます。

「もしわたしを愛しているなら、あなたがたはわたしの戒めを守るはずです。そしてわたしが父にお願いすると、父はもう一人の助け主をお与えくださり、その助け主がいつまでも、あなたがたとともにいるようにしてくださいます。この方は真理の御霊です。世はこの方を見ることも知ることもないので、受け入れることができません。あなたがたは、この方を知っています。この方はあなたがたとともにおられ、また、あなたがたのうちにおられるようになるのです。わたしは、あなたがたを捨てて孤児にはしません。あなたがたのところに戻って来ます。あと少しで、世はもうわたしを見なくなります。しかし、あなたがたはわたしを見ます。わたしが生き、あなたがたも生きることになるからです。その日には、わたしが父のうちに、あなたがたがわたしのうちに、そしてわたしがあなたがたのうちにいることが、あなたがたに分かります。わたしの戒めを保ち、それを守る人は、わたしを愛している人です。わたしを愛している人はわたしの父に愛され、わたしもその人を愛し、わたし自身をその人に現します。」

（ヨハネ14章15～21節）

このヨハネの福音書の箇所は、個人やグループが主のことばに従う時、どんなことが起こるのか素晴らしい洞察を与えてくれます。どんな益が得られるのか挙げてみましたので検証してください。
◆イエス・キリストは、私たちと永遠にいてくださる助け主なる聖霊を与えてくださるよう父に祈ってくださいます。

◆聖霊は、私たちの内に住み、私たちと共にいてくださいます。

◆私たちは、孤児にはされません。むしろ、イエス・キリストが私たちのところに来てくださいます。

◆この世はイエス・キリストを見ることができないのですが、私たちは見ます。

◆イエス・キリストが生きているから、私たちも生きます。

◆私たちは、父なる神に愛されています。

◆私たちは、イエス・キリストに愛されています。

◆イエス・キリストは、ご自身を私たちに示してくださいます。

これらの益について本を書くこともできますが、イエスが語られたことはこれだけで終わりませんでした。「だれでもわたしを愛する人は、わたしのことばを守ります。そうすれば、わたしの父はその人を愛し、わたしたちはその人のところに来て、その人とともに住みます。わたしを愛さない人は、わたしのことばを守りません。あなたがたが聞いていることばは、わたしのものではなく、わたしを遣わされた父のものです。これらのことを、わたしはあなたがたと一緒にいる間に話しました。」（ヨハネ14章23～25節）

再び、従うことで得られる益について、見てみましょう。

◆父は、私たちを愛してくださいます。
◆父とイエス・キリストは、私たちと共に住んでくださいます。
◆聖霊は、私たちにすべてのことを教えてくださいます。
◆聖霊は、イエス・キリストが語られたことを私たちに思い出させてくださる。

しかし、イエスは、ただ、主に従えば良いとお語りになったわけではありません。キリストの内に、留まることが、従うことにおける大切な点だと続けられます。

わたしはぶどうの木、あなたがたは枝です。人がわたしにとどまり、わたしもその人にとどまっているなら、その人は多くの実を結びます。わたしを離れては、あなたがたは何もすることができないのです。わたしにとどまっていなければ、その人は枝のように投げ捨てられて枯れます。人々がそれを集めて火に投げ込むので、燃えてしまいます。あなたがたがわたしにとどまり、わたしのことばがあなたがたにとどまっているなら、何でも欲しいものを求めなさい。そうすれば、それはかなえられます。あなたがたが多くの実を結び、わたしの弟子となることによって、わたしの父は栄光をお受けになります。(ヨハネ15章5～8節)

主に従うこと、すなわち、主のことばが私たちの内にとどまる結果としてイエス・キリストが私たちに留まってくださいます。再び、その益について見てみましょう。

◆イエス・キリストに留まる（キリストに従う）ならば、主が私たちの内に留まってくださいます。
◆私たちは、多くの実を結び、主の弟子であることを示します。
◆私たちの祈りが聞かれます（何でも欲しいものを求めるならば、それがあなたがたに与えられる）

主イエスは、こう結論しています。

「父がわたしを愛されたように、わたしもあなたがたを愛しました。わたしの愛にとどまりなさい。わたしがわたしの父の戒めを守って、父の愛にとどまっているのと同じように、あなたがたもわたしの戒めを守るなら、わたしの愛にとどまっているのです。わたしの喜びがあなたがたのうちにあり、あなたがたが喜びで満ちあふれるようになるために、わたしはこれらのことをあなたがたに話しました。わたしがあなたがたを愛したように、あなたがたも互いに愛し合うこと、これがわたしの戒めです。人が自分の友のためにいのちを捨てること、これよりも大きな愛はだれも持っていません。わたしが命じることを行うなら、あなたがたはわたしの友です。わたしはもう、あなたがたをしもべとは呼びません。しもべなら主人が何をするのか知らないからです。わたしはあなたがたを友と呼びました。父から聞いたことをすべて、あなたがたには知らせたからです。あなたがたがわたしを選んだのではなく、わたしがあなたがたを選び、あなたがたを任命しました。それは、あなたがたが行って実を結び、その実が残るようになるため、また、あなたがたがわたしの名によって父に求めるものをすべて、父が与えてくださるようになるためです。あなたがたが互いに愛し合うこと、わたしはこれを、あなたがたに命じます。」（ヨハネ15章9～17節）

主イエスは、私たちが主の愛に留まるために、主の命令に従うべきであると語っています。その受ける益について見てみましょう。

◆イエス・キリストの喜びが私たちの内に与えられます。
◆私たちの喜びが、完全にされます。
◆私たちは、もはや奴隷ではなく、イエス・キリストの友です。
◆イエス・キリストがご存知のすべてのことを私たちに知らせてくださいます。
◆私たちは、いつまでも続く実を結ぶように任命されます。
◆父は、イエス・キリストの御名によって求めるものは何でも与えてくださいます。

ところで、「キリストの御名によって」求めることは、決まり文句や、祈りを終える時のことばではありません。「イエス・キリストの名前によって」求めるという意味は、イエス・キリストの立場に立って求めることです。キリストにあるということは、イエス・キリストに従うことによってのみ達成されます。「キリストの御名によって」求めることは、主を愛することを通してキリストの内に留まり、主が命じたことすべてに従うことによってこの愛が、実証され、証明されるという意味です。

さらに、ヨハネの手紙からもう一つの洞察が得られます。

イエスがキリストであると信じる者はみな、神から生まれたのです。生んでくださった方を愛する者はみな、その方から生まれた者も愛します。このことから分かるように、神を愛し、その命令を守る時はいつでも、私たちは神の子どもたちを愛するのです。神の命令を守ること、それが、神を愛することです。神の命令は重荷とはなりません。神から生まれた者はみな、世に勝つからです。私たちの信仰、これこそ、世に打ち勝った勝利です。世に勝つ者とはだれでしょう。イエスを神の御子と信じる者ではありませんか。（Ⅰヨハネ5章1～4節）

恵みとあわれみとは、人に示された神の愛のことばです。私たちは、恵みとあわれみを神から受けます。私たちは、神に対して恵みとあわれみを示すことができません。では、私たちの神に対する愛のことばは何でしょうか。ヨハネは、私たちの互いの愛とは、神の命令に従う結果であると言います。私たちの神への愛は、私たちが神に従うことによって明確にされます。実際、神は、「愛」を、o-b-e-y（従う）と綴るようです。

私たちが本当に従順であるかどうか決めるのは、主に従う時の私たちの動機にあります。それが、愛によるものか、あるいは**律法主義**によるものかで決まります。もし、神の命令に従うことが、同僚たちと波長を合わせるためであったり、権威ある人たちを喜ばせようとするためであるならば、私たちは知らず知らずのうちに律法主義に陥ってしまっているのです。ある人は、自分が属するグループの規則に従うことで従順であるかもしれません。また、何か自分にプラスになることを得られるのではないかという動機で主に従おうとするかも知れません。でも、それは、結局、律法主義です。愛によって動機づけられた従順とは、グループとは何の関係もありません。それは、イエス・キリストに対して示されるものです。実際、このような愛は、すべてのグループ、すなわち、家族、学校、職場、そして、地域に対して影響を与えます。

ヨハネによれば、従順からくる益は、私たちが世に勝利することです。すなわち、主に従順に従うことで、罪に勝利し、この世にあるものは、私たちを負かすことがありません。もし私たちが、この世や文化や状況に打ち負かされていると感じるならば、それは、恐らく私たちが神の命令に従っていない生き方をしているからでしょう。

イエスは、主の弟子になることは決して簡単ではないとはっきりと言われました。「だれでもわたしについて来たいと思うなら、自分を捨て、日々自分の十字架を負って、わたしに従って来なさい。自分のいのちを救おうと思う者はそれを失い、わたしのためにいのちを失う者は、それを救うのです。／自分の十字架を負ってわたしについて来ない者は、わたしの弟子になることはできません。」（ルカ9章23～24節／14章27節）この「十字架」は、わがままな息子のことや、不愉快な夫や妻のこと、また病気のことなど個人的な問題のことを言っている訳ではありません。十字架は、正に死刑の道具です。このことばがもつ意味は、誰でもイエス・キリストの弟子になろうと思うならば、自分をささげ、主イエスが死なれたように、死ぬ用意ができていなければならないということです。キリストに従うことに献身することとは、キリストのために、またキリストがそのために死なれた世のために死ぬ準備ができているということです。

大宣教命令の中で、イエスは、弟子たちに従うことを教えるように命じています。「イエスは近づいて来て、彼らにこう言われた。『わたしには天においても地においても、すべての権威が与えられています。ですから、あなたがたは行って、あらゆる国の人々を弟子としなさい。父、子、聖霊の名において彼らにバプテスマを授け、わたしがあなたがたに命じておいた、すべてのことを守るように教えなさい。見よ。わたしは世の終わりまで、いつもあなたがたとともにいます。』」（マタイ28章18～20節）。実際、私たちの教会は、従うことではなく、聖書の知識を教えて来ました。ほとんどの人は、何をすべきかすでに知っていますが、それを行わないことを選び取っているのです。

もちろん、時には、サタンは、私たちをだまし私たちが主に従って生きていないと考えさせることもあります。このような偽りの罪意識は、私たちの喜びや私たちの人間関係をだめにします。私たちが罪意識にさいなまれる時、私たちは入念に自分をさぐってみなければなりません。もし、聖霊の導きによって、自分の不従順さを思い出すことができなければ、それは、サタンが偽りの罪意識を植え付けているのです。サタンは、私たちから喜びを奪い、私たちと神との関係をだめにし、またキリストへの愛、また他の弟子たちへの愛をだめにします。

第八章　弟子を育てる人は、改宗者を得ようとするのではなく、弟子を育てる

弟子とは、キリストのすべての教えを喜んで受け入れ、それに従い、ことばと行いによって弟子を増やそうと努力する人のことです。**改宗者とは、**元々自分が持っていたものとは違う宗教を実践する人のことで、改宗によって新しく生まれ変わることはなく、必ずしも他の人がその宗教に入ることを勧めるわけでもありません。イエスは、「あなたがたは行って、あらゆる国の人々を弟子としなさい。父、子、聖霊の名において彼らにバプテスマを授け、わたしがあなたがたに命じておいた、すべてのことを守るように教えなさい」と私たちに命じておられます。（マタイ28章19、20節）

イエスは、改宗者を得ようとするものたちを非難しています。「わざわいだ、偽善の律法学者、パリサイ人。おまえたちは一人の改宗者を得るのに海と陸を巡り歩く。そして改宗者ができると、その人を自分より倍も悪いゲヘナの子にするのだ。」（マタイ23章15節）

また、弟子でもなく改宗者でもない第三番目のカテゴリーに当てはまるグループがあります。この人たちは、キリスト教の家庭に生まれ、イエス・キリストを告白していますが、イエスのどの教えに従うかを選ぶ人たちです。

私たちは、これらの人たちを、**失われた人たち**として扱います。「罪を犯している者はみな、律法に違反しています。罪とは律法に違反することです。あなたがたが知っているとおり、キリストは罪を取り除くために現れたのであり、この方のうちに罪はありません。キリストにとどまる者はだれも、罪を犯しません。罪を犯す者はだれも、キリストを見たこともなく、知ってもいません。」（Ⅰヨハネ3章4～6節）

イエスは言われました。「また、もしあなたの兄弟があなたに対して罪を犯したなら、行って二人だけのところで指摘しなさい。その人があなたの言うことを聞き入れるなら、あなたは自分の兄弟を得たことになります。もし聞き入れないなら、ほかに一人か二人、一緒に連れて行きなさい。二人または三人の証人の証言によって、すべてのことが立証されるようにするためです。それでもなお、言うことを聞き入れないなら、教会に伝えなさい。教会の言うことさえも聞き入れないなら、彼を異邦人か取税人のように扱いなさい。」（マタイ18章15～17節）

主の弟子を育てるということは、イエス・キリストとの関係を持つことであり、その結果、キリストの命令に従順に生き、同時に弟子を育てるライフスタイルを持つことです。改宗者を育てるということは、ある党派、教会、教派、会派、あるいは宗教の教理に賛成する人たちをそだてるということです。キリストの弟子にならなくても、改宗者になることはできます。もし、クリスチャンたちの次世代が、子ども時代あるいは青年時代に、忠実に従う親たちや大人たちに弟子として育てられることなしに大きくなると、彼らは、弟子ではなく、むしろ改宗者のようになってしまいます。

私たちの経験によれば、拡大して成長する**弟子を育てる働き**は、キリストとの関係においてダイナミックな成長を助けることが焦点なのです。このキリストとの関係は、祈りを通して、聖書研究、礼拝、伝道の働き、交わり、また、奉仕を通して成長していくのです。弟子を育てる人たちは、まず**第一に**、神の言葉を人々に教えます。それによって、彼らは何に従うべきか知るのです。**第二に**、人々をキリストに忠実に従うために必要な知識や能力を訓練します。それによって、どのようにキリストに従うべきか知るのです。そして、**第三に**、弟子を育てる人たちが、人々を神と他の人に仕えるために十分に整えるのです。それによって、彼らは、常に神に忠実に従う人生を実際に生きて、他の人を弟子として育てるのです。

時として、私たち、弟子を育てる責任を持つ者が、その責任を、中途半端で投げ出しています。私たちは、教え、訓練しますが、それ以上先に行きません。様々な知識や能力を見せることが重要だと考えているように見えます。他の人を整えるということは、弟子として育てている人たちとの深い関係性が必要とされます。単に教室で教え、訓練する時間よりももっと多くの関わりを持ちます。整える人と整えられる人は、互いの人生の一部となります。なぜ、私たちは、イエスがご自分の人生を通して示してくださった弟子を整えるというひな形を見ることがないのでしょうか。その関係がうまくいくためには、公の場であっても、プライベードな生活の中にあっても、私たちの生き方が首尾一貫していなければならないのです。私たちが、弟子として育てている人たちは、いつ私たちのところに立ち寄っても、私たちがキリストのすべての教えに忠実に従っている姿を見いだすことができるはずなのです。私たちの多くは、このようにじろじろ見られるようなこと、また、互いに責任を持ち合うような関係になることを好みません。だから、弟子を育てることを避け、代わりに、学生や訓練生を育てるのです。

私たちは、教室で教えたり、セミナーを開いたりすることに専心します。そこでは、ほんの短い時間だけ互いが見えるからです。

人が何かを学ぶのに、信仰を必要としないということに気づいてください。だれかを教えたり、訓練したりすることに、信仰は必要ありません。でも、弟子を育てるには、信仰が必要です。その信仰とは、キリストを信じる者になり、キリストに従う者になるための信仰であり、また、キリストが命じておられることを行うための信仰です。この信仰によって他の人に言います。「ですから、私はあなたがたに勧めます。どうか、私にならう者となってください。」（Iコリント4章16節、ピリピ4章9節、Iテモテ4章12節参照）学ぶということのためには、知性が必要ですが、従順に従うには、信仰が必要です。信仰によって、行動していく時に、他の人にこう言います。「公の場であっても、個人生活であってもすべての点でキリストに従順となるため、私のことば、行いにおいてどんな状況の中でも、キリストのすべての命令に従います。」

弟子の主な特徴は、人格における成長によって明白にされる変化です。そしてその変化は、聖書の知識、適切な態度、正しい考え、成長し続けるキリストとの関係、また人間関係、キリストに従う行動が求められます。キリストは変わりません。完全です。弟子の責任は、キリストのようになることです。弟子が、彼の主人のようになろうと努力する時に、変化が起こります。常に完全を目指して戦うのが弟子です。目標を見誤ったり、行きつかなかったりする時（ギリシャ語のハマルティアすなわち罪の語源は、目標に行きつかないとか目標を誤るという意味）、弟子は、悔い改め、目標を目指して再び進みます。目標は、すべてのことにおいてキリストのようになることです。知識において、態度において、考えにおいて、関係性において、行動のすべてにおいてです。イエスは言われました。（マタイ5章48節）「だから、あなたがたは、天の父が完全なように、完全でありなさい。」

完全ということは、見るからに不可能な目標に思えます。にもかかわらず、それが私たちの目標であるべきです。たとえ、信仰によって、キリストが私たちの義となってくださるとしても、すべての点で、彼のようになる努力をしていくべきです。

「それからイエスは弟子たちに言われた。「だれでもわたしについて来たいと思うなら、自分を捨て、自分の十字架を負って、わたしに従って来なさい。自分のいのちを救おうと思う者はそれを失い、わたしのためにいのちを失う者は、それを救うのです。人は、たとえ全世界を手に入れても、自分自身を失い、損じたら、何の益があるでしょうか。」（ルカ9章23〜25節）

第九章　弟子を育てる人は、信仰者の祭司職の重要性を理解している

信仰者の**祭司職の教理**は、弟子を育てる運動において、非常に重要です。それは、すべての信仰者の人生の中にある聖霊の働きをはっきりと主張しているからです。すなわち、すべての信仰者が、主の働きに参加する可能性と責任を持っていると主張しているのです。また、祭司職の教理は、教会の必要に応じて、すべての信仰者が、キリストの体の一部である人々やそうでない人々にも仕えることができるように権限を与えます。

この一つの教理が、すべての信仰者が、使徒、預言者、伝道者（弟子を育てる人と理解する方がより良い）、また牧師、教師となるための道を開き、その働きへの情熱を燃やします。それは、キリスト教を、単なる信仰告白から、信仰のライフスタイルへと動かします。また、普通の人が、並外れたことができるように力を与え、教会を健全なコミュニティにとって適切で、不可欠な存在にします。しかし、現代の教会は、この教理を投げ捨ててしまっているように見えます。

現代においては、すべての信仰者が持つ祭司職の代わりに、牧師の祭司職を強める姿を見ます。どういう訳か、教会のすべての働きがこの牧師という一つのポジションに集中しています。ところが、聖書は、明確にリーダー

シップの役割には、様々なものがあり、牧師の役割はそれらの内で、地域教会の中でも、公同の教会の中でも、最も偉大なものだとは定義されておらず、むしろ、沢山ある役割の一つであるとはっきりと語っているのです。

牧師の役割を強めようとする、また、そのリーダーシップの役割をよりすぐれたもの、他にはないものであると思わせるその教えは、国々をキリストに導くという任務のためには、正に有害でしかありません。牧師のリーダーシップの権威を強める努力によって、すべての信仰者が祭司として機能するという責任は弱くされてきました。プロのリーダーシップが教会の中で起きてくると、働きの資格を持っていると感じている人々が減っていきます。結果的に、弱体化した教会、すなわち、増殖し、拡張し、あるいは成長するための基盤を持っていない教会となります。牧師のリーダーシップの役割は、教会における最上のものだという教えが、教会にダメージを与えてきたのです。聖書は、教会の中におけるリーダーシップの役割は、聖徒たちを主の働きのために整える（エペソ4章11〜13節）ことだと明確にしています。リーダーは、支配者ではなく、僕となるべき人です（ルカ22章24〜27節）。リーダーは、公の場でも、私的な生活に置いても、権威ある人たちではなく、模範となるべき人たちです（Iテモテ4章11〜13節、テトス2章6〜8節、Iペテロ5章1〜3節）。聖徒たちを整えるために奉仕し、主の目標を達成するために献身するリーダーだけが、栄誉を受けるのにふさわしく、人を導く責任を取るのにふさわしく、そして後に従っていく人としてふさわしいのです（Iテモテ5章17〜21節）。仕えるリーダーとしての役割を果たした結果、ポジションが与えられるのであって、学校に行ったから、学位を取得したから、按手を受けたから、あるいは、「牧師先生」と呼ばれるからではありません。

教会が、プロの聖職者を用いることを勧め、その重要性を強調することによって、キリストを世界に届ける教会の能力を限定してしまい、結果的に教会が迅速に広がっていくことを不可能にしてきました。なぜなら、その広がりの必要に応えていくために「資格をもった」リーダーたちを十分に供給できないからです。私たちは、新しい聖書研究グループや、新しいリーダーたちや地域に新しい教会が出現してくることに反対するリーダーと呼ばれる人たちを見ます。その人たちは、失われていた人々が神の御業のために用いられることに喜びを感じるよりは、自分の立場が脅かされるという脅威を感じるのです。牧師の役割が、奉仕ではなく、権限によってなされるものだという考えが強調されればされるほど、その役割は効力がなくなり、キリストを世に届ける働きにふさわしくなくなっていきます。

私たちは、イエスが、失われた人々のために死なれたことを決して忘れてはいけません。イエスは、一匹の失われた羊を探すために、囲いの中にいる九十九匹の羊を置いて行きなさいと私たちに語られました。私たちは、囲いを守ることばかりを考えてしまい、私たちの主たる役割は、失われた人たちを探し出すことだということを忘れてしまっているのではないでしょうか。**教会の指導者たちの働き**は、教会のメンバーを整えてこの役割を達成することです。

牧師の役割は、キリストのすべての命令に従うために、聖徒たちを整えることです。牧師は、伝道の働き、また、弟子を育てることにおいて他の人より優れた人であるべきです。牧師は、人々を励まして、新しいグループをスタートさせ、促進し、教え、証しし、新しい人々に洗礼を授け、主の聖餐を行い、地域の必要、また、キリストの体に奉仕します。牧師は、聖徒たちを人生のすべての働きのために整え、彼らをこの失われた世界に送り出して、この世に変化をもたらします。聖徒たちを弱めてしまうように立案された教理の背後に彼らを閉じ込めてしまうべきではありません。

多くの点において、現代の教会は、牢屋のようです。牢屋は、害を与える人々を社会から隔離するように、現代の多くの教会は、キリスト者を社会から隔離してしまうので教会は、社会の人々を変えることができないのです。

キリストの教会を導く人とは、愛の姿と仕える姿を示す男女であり、主の奉仕の業のために聖徒たちを整える働きを確立した人のことです。教会は、この働きをする男女をグループの中に見いだす時、その人たちを召し出し、訓練し、フルタイムの働きをするように経済的にサポートすべきです。そうすることによって彼らは、福音の働きと聖徒を整える働きに専念することができるからです。ここで注意していただきたいのは、このような人々は、フルタイムの働き人として経済的に支えられることで、自分と家族をサポートするために別の仕事をする必要がなくなるということです。彼らのキリストの共同体への貢献は、あまりに重要なので、彼らが家族の必要のために働いて、その結果、キリストの体のために仕えることから引き離されてしまうことは、時間と力量の無駄です。すべての人がこの基準に合うとは限りません。でもそれで良いのです。この条件に合わない人は、仕事を辞めて、フルタイムの働き人になる必要はありません。牧師やその他の教会のリーダーになるための条件は、単純にその人が、仕えるリーダーとしての生き方をしているかどうかです。もし、その人が、他の人に仕えているのでなければ、他の人を訓練し、導くような機会が彼に与えられるべきではありません。男性であれ、女性であれ、教会のリーダーとして誰かを招聘する条件は、その人が他の人に仕えていること、また、他の人を訓練していること、またすでに共同体の中での働きに貢献していることです。

現代における**リーダーシップ制度の問題**は、人に従順に仕えるリーダーたち、すなわち、「サーバントリーダー」と言われるリーダーを大切にしないことです。サーバントリーダーは、聖徒たちを訓練する働きに仕えるために、フルタイムで奉仕するように求められる人たちのことです。ところが、私たちの制度では、誰が本当に召された賜物があるリーダーであるのかを見いだす機能が働いていません。リーダーは、リーダーを育てることによって成長します。しかし私たちの今ある制度では、リーダーを生み出すようになっていません。この制度の故に、ほんのわずかな人しか、主の働きのために、聖徒たちを整えることができません。

現在の制度の中で、この無知と失敗の連鎖を打ち破ることができる人たちは、地域教会の牧師や教会の中で責任を持つリーダーたちです。地域教会の牧師が、支配者からしもべに、執務室を持つ人から行動力のあるサーバントリーダーに、知識を伝える人から弟子を育てる人に、そして、教会内の働きばかりに焦点を当てている人から、地域の中にキリストを映し出す人に変えられていくならば、教会の中に変化をもたらし、地域社会に、国々に、そして、世界にインパクトを与えていきます。

牧師や教会のリーダーは、会衆のためにすべて自分たちでやってあげることをやめなければなりません。なぜなら、それは、みことばと主の働きにおいて、信仰者をいつまでも幼児に留めておくことだからです。会衆が、大人として成長し、リーダーが起こされるために、牧師は、彼らを仕えることのできる人たち、そして、他の人に仕えるために訓練できる人たちとして取り扱わなければなりません。牧師たちが、人々にキリストの命令に従うことを熱心に進め、彼らがその点において上達するのを助けるならば、彼らの権威は増し、受けるべき栄誉を彼らが受け、神の国は広がります。

リーダーたちが、神の国の働きに関わらないで、自分の領域を守ろうとしている限りは、これから先のどの世代においても、キリストが全世界に伝えられることを私たちは見ることができないでしょう。**大宣教命令**で、キリストご自身に従うように人々を教えなさいと、主は命じられました。同時に、聖徒たちを整えるように命じられ、また、自分を生きた供え物としてささげるように命じられ、そして救われた人たち、失われている人たちに対して見本となるように命じられました。私たち――自分を牧師やリーダーと呼ぶ人たち自身が、実際に主に従うことを始める時に、教会は変わり、地域社会は変わって行き、やがて、私たちの世代において、キリストを全世界に伝えるという**大宣教命令**を達成することになるでしょう。

（注：著者がインドの北東部の部族社会における主の働きを観察する中で、現地の教育も満足に受けていない人々が聖徒として、弟子を生み出し、また弟子を生み出す人々を育てるリーダーとして用いられている現実が背景にあります。）

付録　ノンクリスチャンのための聖書研究リスト（202 頁コメント）

聖句	物語
創世記 1:1-25	創造の物語：神が世界を創造された
創世記 2:4-24	創造の物語：人間の創造
創世記 3:1-13	堕落：最初の罪と審判
創世記 3:14-24	堕落：罪深い世界の裁き
創世記 6:1-9:17	堕落：大洪水
創世記 12:1-8 ; 15:1-6	贖い：アブラムへの神の約束
創世記 22:1-19	贖い：アブラハムがイサクをいけにえとして捧げる
出エジプト 12:1-28	贖い：過越の約束
出エジプト 20:1-21	贖い：十戒
レビ記 4:1-35	贖い：聖餐制度
イザヤ 53 章	贖い イザヤ書は来るべき約束を予告する
ルカ 1:26-38 ; 2:1-20	贖い：イエスの誕生
マタイ 3 章、 ヨハネ 1:29-34	贖い：イエスは洗礼を受ける
マタイ 4:1-11	贖い：キリストの誘惑
ヨハネ 3:1-21	贖い イエスとニコデモ
ヨハネ 4:1-26、 39-42	贖い：イエスと井戸の女
ルカ 5:17-26	贖い：イエスは赦し、いやされる
マルコ 4:35-41	贖い：イエスは嵐を静められる
マルコ 5:1-20	贖い：イエスは悪霊を追い出される
ヨハネ 11:1-44	贖い：イエスはラザロを死からよみがえらせる
マタイ 26:26-30	贖い：最初の主の晩餐
ヨハネ 18:1-19:16	贖い：イエスは裏切られ、非難される
ルカ 23:32-56	贖い：イエスは十字架につけられる
ルカ 24:1-35	贖い：イエス、死に打ち勝つ
ルカ 24:36-53	贖い：イエスの出現と昇天
ヨハネ 3:1-21	贖い：私たちには選択肢がある

第二部　弟子を育てる人の実際の働き

第十章　弟子を育てることについて戦略的、戦術的に考える

　私（ポール）は、あらゆる研修会に出席し、やり手の牧師たちの成功談を聞きました。彼らの話しは、大体こんな感じです。「私は若く、困難な地域に派遣されましたが、その地域でどのようにイエス・キリストを伝えるかアイディアは沢山ありました。ところが、そのアイディアは、どれもうまくいきませんでした。私は、自分の計画を全部止めて、ただその地域を愛し、その地域に仕えることにしました。するとすぐに、私たちの手に負えないほど多くの人がやって来たのです。」通常、若い伝道者は、本を書いています。出席者は、その本を買います。その本には、著者が言う「原則」や「戦略」のアイディアが含まれています。

　その後一年かけて、研修会の出席者たちは、研修会で聞いたことや本で読んだことを実際に適用してみますが、成功は限られています。そして、また他の研修会に出席し、他の講師の話しを聞き、また本を買います。あるいは、研修会で習ったことなどすべて忘れてがむしゃらに働き、たまたま成功し、どうして成功したのかを振り返り、自分の本を書きます。しかし多くの人は、常に挫折を感じながら、何が悪かったのだろうかと自問自答しながら生きています。

研修会や講演は悪いものではありません。弟子を育てたいと願っている人たちや開拓伝道者たちを混乱させるのは、多くの講師や本の著者たちが使う「戦略」とか「戦術」の間違った概念なのです。私たちの生きている地域社会で、主の弟子を育てようとする上で、これらの概念を明確にすることが助けになります。

「戦略」とは、一般的に「それをするのに何が必要か」という疑問に答えを与えるものです。私の場合、自分の働きに即したこの戦略的な質問をより具体的にしています。「太平洋岸北西部のすべてのコミュニティで弟子を育てる運動を起こすのに何が必要か」です。お分かりのように、この問いは、私や私の団体ができることをはるかに超えています。実際、この質問に、「私」という言葉を使って自分の答えを出すとすれば、「私は一軒一軒訪問して……」というものになり、私の考えには広さがなくなります。戦略の質問では、全体像を考え、ビジョンを達成するために必要な主要な要素についての評価を迫られます。

デービッドが、ボージュプリーの人々の間で活動を始めた時、戦略的な質問をしました。その答えの一つは、「聖書」という一言で表現できるほど単純なものでした。当時、ボージュプリーには、文字がありませんでした。結果として、ボージュプリー訳聖書はなかったのです。さらに、多くのボージュプリー人は、読み書きができませんでした。それで、父は、ボージュプリー人には、自分のことばの聖書が必要だと言うこと、さらに音声の形の聖書が必要だと知りました。そこで、一〇年の計画で、ボージュプリー語の文字をつくり聖書を翻訳し、ボージュプリー・オーディオ・バイブルを作ることを始めたのです。

デービッドは、彼らが聖書を持っていなければ、ボージュプリー語を話す人たちを主の弟子として育てることができないと知っていました。聖書がなければ、すべての計画がだめになります。これは、大切なポイントを例証してくれます。すなわち、もし、何かが本当に戦略上重要であるならば、それがなければ、計画は失敗します。もし、ある要素がなくても計画が存続できるのであれば、その要素は、戦略的ではないのです。

弟子を育てる弟子となること、祈ること、人との関わること、**平和の子**を探すこと、ディスカバリーグループを始めること、教会開拓リーダーを育てることは、みな戦略的に重要です。それぞれが、「弟子を育てる運動の働きを増殖していくのに何が必要か」という質問に対する答えの一部をなしています（他にもありますが、この本では、弟子を育てる運動を始めるために必要な戦略的な要素に焦点を当てています）。これらの要素のどれかを取り除けば、この運動を始めることができません。成長することはあっても、運動とはなっていかないのです。

一方、「戦術」とは、「～のために、私、あるいは、私のチームは、何をしなければならないのか」という質問に答えるものです。

その質問は、以下の通りです。

◆弟子を育てる弟子となるために、私や私のチームは何をしなければならないか。
◆祈りを動員するために、私や私のチームは何をしなければならないか。
◆失われた人々のグループと関わりを持つために、私や私のチームは何をしなければならないか。
◆「**平和の子**」を探すのに、私や私のチームは何をしなければならないか。

◆ディスカバリーグループを始めるのに、私や私のチームは何をしなければならないか。
◆新しい信者たちが教会を建てるのを助けるのに、私や私のチームは何をしなければならないか。
◆リーダーを発見し、育てるのに、私や私のチームは何をしなければならないか。

戦術的な答えは、戦略的な要素を実行するために、あなたやあなたのチームが具体的に何をすべきかということに焦点を当てます。祈りに基づく戦術的な質問は、「地域のために祈り、地域のために祈りを動員するために、私や私のチームは何をすべきか」です。後で、祈りについての章で学んでいきますが、その答えとして、祈りのカレンダー、プレーヤー・ウォーク（祈りながら町を歩く）を計画し、また、小さな祈りの集いを組織することができます。また、フェイスブックやツイッターのような道具を使って祈りのネットワークに祈りの課題を伝えることもできます。

戦略的要素とは異なり、計画から戦術を削除しても、ビジョンを達成することは可能です。もし、私がフェイスブック（Facebook）を使わなかったとしても、祈りを動員する計画が崩れることはないでしょう。代わりに他のことをすればいいのです。フェイスブックを使わない国にいれば、当然、別の戦術を選びます。戦術は、柔軟です。チームのメンバーの個性や能力によっても変わります。また、環境の制約や課題によっても変わります。

ビジョン、戦略、戦術の関係を理解することは、意欲があって主に召された、才能のある人たちのチームを導く助けになります。チームは、ビジョンと戦略に忠実に歩むべきです。しかし、戦術は、戦略と矛盾しない限り、個人によって異なっていても良いのです。祈りに関して言えば、チームに属するそれぞれのメンバーは、祈りのサポートを動員するために独自の方法を持ち、サポートを得るための個人的な目標を持つことができます。合意した時間が過ぎたら、チームは戻って、それぞれの戦術と目標を見直します。うまくいった戦術を維持し、思ったようにいかなかった戦術を再評価し、失敗した戦術は、取り除きます。

注意点があります。あまりに多くの人が戦術にのめり込んでしまうと、戦術とは、戦略に役立つためのものだということを忘れてしまいます。その結果、戦術がうまくいかない時に、どうすればいいのか分からなくなってしまい、別の戦術を提案しようとすると怒ったり、防御的になったりします。戦術を、バランスのとれた見方で維持し、定期的な見直しをします。うまくいっていない戦術は、捨ててしまいますが、個々人の戦術を、エゴから遠ざける必要があります。

さて、この本の残りの部分は、弟子を育てる効果的な運動家となるため、また、弟子を育てる運動を拡大していくために必要な**主な戦略的要素**について説明します。米国や世界中のチームが、どのように様々な戦術を駆使してこれらの戦略的要素を地域社会で実践したのかについての例証やストーリーを紹介します。私たちの願いは、皆さんが、それぞれの戦略的要素をよく理解し、他のチームによって用いられたいくつかの戦術を理解してくださることです。戦術の中には、皆さんの地域で有効なものがあります。しかし、多くはそうではないかもしれません。実践と評価は、皆さんや皆さんのチーム次第です。多くの戦術を試し、どの戦術が自分たちにとって効果的かをぜひ発見してください。楽しみながら、失敗を恐れないでください。

第十一章　弟子を育てる弟子になる

創世記3章から始まって全人類に広がっていった人類の堕落は、現在も私たちに影響を与えています。神は、アダムとエバに非常に単純な命令を与えました。創世記2章16～17節にこう書かれています。「神である主は人に命じられた。『あなたは園のどの木からでも思いのまま食べてよい。しかし、善悪の知識の木からは、食べてはならない。その木から食べるとき、あなたは必ず死ぬ。』」サタンは、この命令に対して3章4～5節でこう女に語っています。「あなたがたは決して死にません。それを食べるそのとき、目が開かれて、あなたがたが神のようになって善悪を知る者となることを、神は知っているのです。」6節において、人類は最も大きなジレンマに直面します。「そこで、女が見ると、その木は食べるのに良さそうで、目に慕わしく、またその木は賢くしてくれそうで好ましかった。それで、女はその実を取って食べ、ともにいた夫にも与えたので、夫も食べた。」

神は、アダムとエバに、園の中央にある木から取って食べてはいけないというたった一つの命令を与えました。主は、彼らが従うことを期待しました。しかし、サタンは、神の命令に反抗して、善悪の知識の木から食べれば二人は神のようになると思い込ませて、神の命令に従うことよりも良いことだとしたのです。エバは、この実が、彼女を賢くするのだと理解しました。知識と知恵を求める探求は、その後、人類を常に悩まし続けてきました。神は、後にこう語りました。「だれでもわたしを愛する人は、わたしのことばを守ります。」（ヨハネ14章23節）

今、実際に使われている弟子を育てる様々なプログラムを調べてみると、ほとんどが、従うことを土台にするのではなく、知識を得ることを土台にしています。神が、人に命令を与えられた目的は、私たちに害が及ばないためです。ところが、教会や自分たちをクリスチャンと呼んでいる人たちの多くが、知識こそが、従うために欠くことのできないものだと考えてしまっているようです。

「殺してはなりません。」殺人は、個人や家族を破壊し、社会を堕落させます。また、その行為によって、殺人を犯した人自身にも、殺害された人に対しても永遠に苦しみ続ける結果を、もたらします。どの殺人にも、必ず一人以上の犠牲者が出ます。殺人者自身も、自分自身の罪の犠牲者です。

「姦淫してはなりません。」姦淫は、家族を破壊し、社会に多大な経済的影響をもたらし、あらゆる人間関係を悪化させ、そして、面倒な人間関係に陥った人たちに、確実に悪影響を与えるのです。

「盗んではなりません。」盗みは、被害者の生活を破壊します。また、加害者の生活を堕落させます。盗人は、常に発見されるのではないかという恐れに苦しめられます。また、他人の生き方に無関心になっていきます。盗みは、経済を破壊し、家族や社会を破壊します。もし、この世から盗みが無くなれば、私たちの生活費もかなり安くなるでしょう。

「酒に酔ってはいけません。」これは、アルコール飲料を飲むことについて語っているのではありません。むしろ、飲み過ぎによって自分自身の行動をコントロールできなくなり、抑制が効かなくなり、問題を起こしてしまうことについて言っているのです。飲酒運転者によって殺された人たちの家族、また、有罪と認められた飲酒運転者の家族に何が起こったか考えてみてください。彼らは、生きる自由を失い、裁判にかかる費用で貯金を失い、また、収入や自尊心を失います。また、アルコール依存症の人やその家族が、その結果ホームレスや貧乏になったり、虐待されるようになるとすればどんな気持ちか考えてみてください。神の命令に従わないことによる被害者がないということはあり得ないのです。

「他の人を自分よりも優れたものと思いなさい。」表面的には、この問題は、余り大きな問題のように感じないかも知れません。実際には、この命令に背くことは、どの社会においても最も破壊的な行動の一つです。人が、すべての意思決定において、他のすべての人たちを無視して決定するならば、その個人と個人、家族や社会の人間関係を完全に破壊をもたらすことになります。このような高慢によって、私たち自身をすべてのことの中心に置き、他人にどんな悪い影響を与えたとしても、他人を自分の喜びのために使おうとします。独裁者たちが、国々をダメにしてきたことを見れば分かります。また、誰か一人が、家族全体を支配し、他の人はすべて彼の幸せのために生き、結果として、その家族の誰にも幸福がない姿を私たちは、現実に見ます。

「結婚以外の性的な関係を持ってはいけません。」健康に与える大きさだけでなく、ほんの少しの間の道楽がもたらす傷、罪悪感、また人間関係の破壊は、さらに大きな問題引き起こします。

人が破る神の命令というのは、地面に埋められていていつでも爆発できる状態になっている地雷のようで、それを踏めば破壊を引き起こします。ここで覚えていたいことは、破壊しているのは、命令を破っている人であって、神ではないということです。なぜなら、神は私たちを愛しているからです。そして、私たちの人生に破壊をもたらす地雷を避けて欲しいと願っているのです。また、神は、私たちに家族や社会、そして、私たち自身にリスクをもたらすすべてのことがらについて教えてきました。いつでも、地雷を仕掛ける人たちがいます。また、地雷原をつま先で避けながら通るというスリルを味わうことが好きな人たちもいます。そして、知ってか知らずか、地雷の埋まっている場所に人を引き込んで、破壊を起こそうとしたりする人がいつでも存在しています。

愚か者は、地雷警告のサインを無視します。だれも、命の危険をおかして、わざわざ地雷が埋まっている場所を通りません。にもかかわらず、毎日何億という人々が、人生の地雷を避けるようにと書かれた聖書の警告を無視しているのです。

地雷は、踏んでしまった人々に怪我をさせたり、殺したりするだけではありません。地面に埋められていつでも爆発できる状態になっている地雷は、破壊が及ぶ範囲が広く、その周辺にいるすべての人に、地雷の衝撃を与えます。すなわち、人生の地雷を誰かが踏んでしまうと、その人を知っている人も、知らない人も、破壊されていくのを見ることになります。たった一つの地雷が、一瞬のうちに、何百という人々の人生を変えてしまいます。

神の命令は、私たちを助ける警告のサインです。神がその命令に従うように要求するのは、私たちを惨めにするためではなく、私たちの家族、社会、そして、私たち自身の健康と命を守るためなのです。今度、神に従わないように誘惑されたら、まず、従わない結果がどうなるのか考えてください。そして、誘惑に従って行動しないでください。警告サインを心に留め、向きを変えて、別の方向に進んでください。

常に主に従う道を歩くことは、かなりの自制を要求されます。単なる知識だけでは従い続けることはできません。神は、このことをご存知で神の民との関わりのかなり早い段階で、神である主は、モーセにこのように記すように命じました。

「聞け、イスラエルよ。**主**は私たちの神。**主**は唯一である。あなたは心を尽くし、いのちを尽くし、力を尽くして、あなたの神、**主**を愛しなさい。私が今日あなたに命じるこれらのことばを心にとどめなさい。これをあなたの子どもたちによく教え込みなさい。あなたが家で座っているときも道を歩くときも、寝るときも起きるときも、これを彼らに語りなさい。これをしるしとして自分の手に結び付け、記章として額の上に置きなさい。これをあなたの家の戸口の柱と門に書き記しなさい。」（申命記6章4～9節）

これらの節は、ヘブル語の「シェマー」ということばで始まります。その意味は、「聞く」、「注意する」、「従う」と翻訳できます。その言葉の意図するところは、私たちが残りのみことばを「聞いて従う」ためなのです。

私たちは、神がたった一人であり、その神は私たちの主であることを理解しなければなりません。そして、さらに続く文章は、私たちは、神である主を、心を尽くし、魂を尽くし、力を尽くして愛するべきことを述べています。

モーセの時代にあっても、心は感情の中心だと考えられていました。神への私たちの愛は、情熱があるべきで、これこそが、礼拝の源です。神への情熱により、私たちの祈りが生き、成長していきます。このことを通してこそ、私たちの神との素晴らしい関係の中に置かれているという感覚を持つことができます。私たちは礼拝に行っても、いつも素晴らしい礼拝だったという気持ちになれるわけではありません。また、時には、感情が高まって、圧倒されることもあります。毎回の礼拝で感情的に高まるとは限りません。時には、家に帰る途中で、初めて気づきを与えられることさえあります。

「あなたの神である主を、心を尽くして愛しなさい」（注：英語では「心を尽くす」が「すべての心で」と翻訳されています）「すべて」は、文字通り、すべてです。あなたの心を神以外のものが、占めているならば、あなたが願っている神との深い経験を得ることができません。詩篇90篇で、モーセは、隠れた罪について書いています。その罪は他の人には隠れていても、神がご覧になるものです。私たちは、罪だと知っていてもそれをしたいと願う思いを、心のどこかにしまっているのです。このことで、私たちはもがきます。

父ポールと私は、二人を合わせると八十年以上に渡ってイエス・キリストに従ってきました。それでも、時々このように考えることがあります。「あのね、本当はしたいんだけど、誰かが見ているかもしれない。」「それは言わない、誰かが聞いているかもしれないから。」私たちは、心の中でもがきます。この戦いに勝利したいという意志を持たないで、苦闘すればするほど、私たちは、神の臨在を経験することができなくなります。すべてという意味はすべてであって、それ以外の意味はありません。私たちは、神への愛を最高のレベルから下げてしまう時、神が私たちのために用意されたものを失います。

「あなたの神である主を、魂を尽くして愛せよ。」もし、「魂」を定義しなさいと求められたら、恐らく、読者それぞれの違った答えになるかも知れませんが、皆が同意できる定義に絞ってみましょう。

魂は、永遠です。一人ひとりが永遠を確認することができるものです。魂は、輪廻の思想のように回っていくものではなく、また、人によって変化するものもはありません。一人の人生に一つの魂しかなく、一人の人に永遠に一つなのです。

この意味するところは、あなたの魂という部分を使って、主を愛するということは、永遠だということです。神に永遠という尺度で自分をささげるならば、私たちは、人生についての見方が変わってきます。主は、言われます。「あなたが永遠であるあなたの部分を用いてわたしを愛して欲しいのだ。そうすれば、あなたが、確かにわたしに繋がっているのだとあなたが知ることができるようになるのだよ。」それこそは、神との魂のレベルでの永遠の繋がりなのです。それで、私たちの人生で、これ以上生きていけないと思えるような大きな挫折に直面する時でさえ、それを突き破って前進することができるのです。もし、あなたが、今までそのような大きな挫折に直面したことがないならば、必ずそのような時がやって来ます。その時、魂のレベルで神を愛するほどにあなたが神に繋がっていなければ、やがて人生の挫折の壁にぶつかる時、その壁を打ち破って前に進むすべがありません。すると、突然、「神様のせいだ、主がわざと私にしているんだ」という考えに陥ってしまい、「神様って誰、また、私の人生にとって神様って一体何なの」という神に対するありとあらゆる疑問を抱くようになってしまいます。

でも、もし、私たちの人生において、愛が永遠であるならば、主が私たちに与えられた約束は永遠のものであり、今だけで終わるものではないということを知るのです。この時代にあって、私たちは、神の国に生きているのではなく、サタンの国で、生き延びていかなければなりません。サタンの国は、私たちを破壊しようとします。私たちは、神の国の一員ですが、どのようにサタンの国で生き抜いていくかを学ばなければなりません。サタンの国には、ゴミや糞、また地獄のようなものがあり、私たちは、それら一つひとつに対処していかなければなりません。私たちには、次に何が起こるか分からないのです。

最近、私（デービッド）の友人が電話をかけてきて、涙声でこう言いました。「私の娘が、たった今飲酒運転のドライバーに引き殺されました。」熱心なキリスト者である彼が、「神様はなぜこのことが起こるのを許されたのか」とつぶやきました。こんな状況の中で誰一人として彼を慰めることはできません。私は、答えました。「大丈夫です。神様は、あなたと共におられます。いずれこのことについてお話ししましょう。今は、あなたと一緒にいたいのでこれからあなたのところに行きます。」もし、彼がその悲しみを乗り越えるために私がお手伝いできれば、やがて、彼と私は、その疑問について話せる時が来ると知っていました。ただ、その時点では、彼は真実に耳を傾ける準備ができていませんでした。ですから、神の愛は、このような出来事や私たちの理解を超越していることを彼に知らせたのです。私魂を尽くして神を愛することによって、これらの出来事を乗り越えさせてくださることになるのです。

「あなたの神である主を……あなたのすべての力で愛せよ。」これは、私たちの行動について説明する一般的な比喩です。私たちがすることすべてによって、私たちが神を愛していることを他の人たちに立証します。コロサイ人への手紙3章23～24節は、こう述べています。「何をするにも、人に対してではなく、主に対してするように、心から行いなさい。あなたがたは、主から報いとして御国を受け継ぐことを知っています。あなたがたは主キリストに仕えているのです。」

「私が今日あなたに命じるこれらのことばを心にとどめなさい。」（申命記6章6節）

これは新しい比喩です。モーセの時代でさえも心臓の鼓動が止まれば人生は終わるものだと人々は知っていました。この比喩は、神の命令が、人類に命を与える心臓としての役割をしていることを暗示しています。そして、私たちは、自分の心臓が鼓動しているなんて気がつかないのと同じように、神の命令に従っていることについて意識すべきではないのです。

数年前に、私は心臓バイパス手術をしました。目が覚めた時、人工呼吸器、点滴、排液チューブなどで回復しつつありました。その時、自分の心臓の鼓動が聞こえていることに気がつきました。ビー・ビー・ビーと聞こえる心臓モニターのことではありません。実際、私には自分の心臓の鼓動する音が聞こえていました。数日後、一般病棟に移された時も、まだ、鼓動が聞こえていたので、外科の先生に聞きました。「どうして私には鼓動が聞こえるのですか。」先生は、笑って答えました。「あなたの心臓の手術をした時、あなたの心臓音を変えました。そこで、あなたの耳が、その心臓音にまだ慣れていないのです。あなたの耳のフィルターが働いて取り除いてしまうまで、あなたは、自分の心臓音が聞こえます。」最初は、心臓が動いているなあという安心感があったのですが、六日たつと違和感を覚え始めました。髪の毛がよだつような自分の心臓の音がずっと聞えていたのです。

ところが、ある日の朝、目を覚ました時心臓の音が聞こえませんでした。これはまずいと思い上を見上げると、モニターにはちゃんと数字が刻まれていました。先生にそのことを話すと笑われました。「それは、誰にも起こるんです。」私たちの脳は、自分でフィルターを作って、心臓の鼓動の音を消します。そうしないと、私たちは、非常にうるさいリズム感のある音をずっと聞き続けることになります。

心臓の鼓動のように、これらの律法、すなわち神が与えられた命令に従う行動は、私たちの人生において自動的であるべきです。主に従うということは、何か私たちが考えながらすることではないのです。

「これをあなたの子どもたちによく教え込みなさい。あなたが家で座っているときも道を歩くときも、寝るときも起きるときも、これを彼らに語りなさい」（申命記6章7節）。この節の中で神を愛する愛がどうすれば私たちの内で成長できるのか、また、どうすれば私たちが、主に自動的に従う生き方ができるようになるかを語り始めたのです。私たちが、主に従っているということを全く意識しないで居られるようになるにはどうしたらいいのでしょう。モーセは、「教え込む」という言葉を使っています。英語の翻訳で使われている「刻み込む」ということばは、硬貨を鋳造する時に使われる言葉です。わたしの父は、コイン収集家で、イエスの時代のコインを持っていました。そのコインには、シーザーの顔が彫られています。私は、造幣局を訪問したことがありますが、そこで、実際に硬貨を鋳造する所を見学しました。私は、ガイドの人に尋ねました。「硬貨の上に、彫像を刻印するためにどの位の圧力をかけるんですか。」答えは、五十トンの圧を二回両面にかけますということでした。そこで、再び聞きました。「この彫像は、どの位長持ちしますか。」ガイドの人は、「メタルの分子組織が高熱によって破壊されない限り、その彫像はずっと存在し続けます。たとえ、目で見ることができなくなっても、電子顕微鏡でメタルの鋳造から結晶体を見ることができます」と答えました。硬貨に刻み込まれた彫像のように、人間も、神の言葉を永遠に刻み込むことができます。

モーセは、子どもたちに、神の愛と律法を体と霊のうちに刻み込むように命じました。「あなたが家に座わっているときも、道を歩くときも、寝るときも、起きるときも、これを唱えなさい」と。

このみことばを言い換えてみると、それは、私たちが、家で考えたり、言ったり行ったりすることは、家から離れていても、同じでなければならならないということです。公の生活と、個人の生活が一致してなければなりません。私たちの性格は、私たちの置かれた状況に関わらず同じです。ストレスに対処する方法や他の人に関わるやり方も、変わりません。主を知り、主との変わらない関係の中で生きることの重要性を他の人に印象付けるのは、一貫した生活を生きることです。

学校を中退し、麻薬使用のために刑務所に送られ、あらゆる種類の問題に巻き込まれているわがままな宣教師子弟たちのために、何年にも渡り私たちは働いてきました。これらの若者たちと働き始める中で、気がついた一定のパターンがありました。それは、彼らの親が、公けの場で見せた姿と、家の中で見せた姿が、同じではなかったということです。親は、公の場で言っていることと、家庭で生きる生き方が違っていました。人々の前では、「成人指定の映画は、見てはいけません」と言うのですが、家には、成人指定の映画のビデオで棚が一杯になっていて、時にはもっとひどい映画が存在します。彼らは「あなたの隣人を愛しなさい」と公の場では言うけれど、家に帰ると、すべてのことについて怒鳴り散らすのです。これらの若い宣教師子弟に共通していたのは、このような親の公の人生と個人の人生の大きな違いがありました。私たちは、常に首尾一貫した人生を生きなければなりません。

最近、家内と私は、衛星テレビの契約をしました。私たちが最初にしたことは、「親による制御」モードを選んで、私たちが見るべきでない成人指定の映画やチャンネルをブロックする設定をすることでした。その設定をする時に、まず、暗証番号の最初の二桁の番号を家内が、そして、残りの二桁の番号を私が入れました。私は自分が入れた二桁の番号さえ覚えてませんでしたが、家内も家内が入れた二桁の番号を覚えていないと思います。私たちは、自分たちがチャンネルを選ぶ時、見たくないものを間違えて観てしまうことを避けたかったたったのです。ましてや、お客さんが来た時に、チャンネル選びをしていて何かショックなものを間違って見て欲しくはありませんでした。これは、私の家族が目指す主への従順さという目標の大切な部分となっています。すなわち、私たちが人々に語ることが、私たちの生き方と一致するように努力することです。もし、私たちが持っている本や映画、その他何でも誰かが見たら、それらが、私たちがこのように生きるんだと表明している生き方と一致するのです。

私たちが教えているメンタリングにおける一つの重要な点は、メンター（指導する人）が、メンティ（指導を受けている人）の家で時間を過ごし、また、指導を受けている人が、指導する人の家で時間を過ごすことです。誰かの家に何日か泊まれば、その人が、どのように生きているかを隠すことができません。その家に、子どもたちがいればなおさらのことです。

一貫性。神の愛と神の命令を、肉体的にも霊的にも子どもたちに印象付けたいのであれば、生き方における絶対的な一貫性が必要です。

「これをしるしとしてあなたの手に結びつけ、記章として額の上に置きなさい。これをあなたの家の門柱と門に書きしるしなさい。」（申命記6章8～9節）。モーセの命令にある「しるし」とは、単なるシンボル以上のものがあります。誰かの額に置かれたものは、他の人が見ることができますが、自分は見ることができません。ユダヤ人の文化では、神の民が、皮で作られた小さな紙に書かれた聖書の言葉が入った小さな箱を額につけることで、彼らは、自分たちが神にまったく献身しきっている者だということを思い出すのです。あなたの文化ではあなたが神に属しているものだということをどのように証明しますか。そのようなものがあれば、それこそが、「あなたの額に結びつける」ものになります。

「これをしるしとしてあなたの手に結びつけ」とは、私たちのアイデンティティをしっかりと覚え、自分がすべき行動を覚えるためのしるしなのです。毎朝九時になると「あなたの主との静まりの時を持ちましたか？」というメッセージが、私のスマホの画面に浮かびます。私の仕事は、二十四時間態勢の仕事です。人々は、私にいつでも連絡してきます。静まりの時を含めて自分が毎時間していることを見失わないようにするなんて無理です。ある日は、朝三時、会議が招集されることから始まり、そのうち、聖書を読む時間なしに一日が進んでしまいます。それで、私は、聖書を学ぶこと、祈る時を持つためのチェックリストを作っています。

仕事をする時は、私は、いつも集中力をしています。実際、働きに集中しているので、時にそれで一日が過ぎていき、家内にこう言われます。「ねえ。あなた。お昼ごはんも晩ご飯もまだ食べてないの知ってる。」私は、「いや、気がつかなかった」と言うと、「そうでしょ。そうだと思った。」それで、私は、時々立ち上がったり、歩き回ったりすべきことを思い出させるための、メモがあります。そうすることで、長く座りすぎることがなくなります。ですから、私の生活には、色々なことを思い出させる合図があるのです。その一つは、家内と私が、「今日の聖書の学びであなたは何を学んだ」と互いに質問し合うことです。

あなたは、心を尽くし、魂を尽くし、力を尽くしてあなたの神を愛するためにどんな合図がありますか。あなたは、あるべき人となっていますか。実行すべきことがらを実行していますか。あなたは、自分がそのように生きると宣言しているように実際に生きていますか。あなたには、これらの目標の実行を促す合図がありますか。これらの合図は実際に使えるものでなくてはなりません。家内と私は、壁に聖書の言葉を貼っておくことをやってみましたが、壁に貼ってある他の飾りの一部になってしまいました。

メンター（指導する人）の責任は、メンティ（指導を受けている人）が、なすべきことをしているか、神との関係、家族との関係、社会や教会との関係、主の召し、仕事、自分自身との関わりにおいてあるべき姿になっているかということを思い出させる生きた合図となることです。指導する人と指導を受けている人との関係自体が、お互いがどのような人間になるべきかを確かめ合う合図です。私たちが、本来あるべきメンターとしての役割を果たしているならば、私たちメンターがメンティにする質問と、メンティが私たちにする質問との間にバランスが取れてきます。あなたが、メンターになる時に、決して一方通行コミュニケーションにはなりません。いつでも、両方向のコミュニケーションです。学ぶというプロセスは、両方が受けていきます。

ヘブル人の家は、幕屋を思い出させるようにデザインされています。まず、門は誰にでも見えますが、門柱は、家族、友だち、ゲストしか見ることができません。訪問者が門やかまち（戸の枠）の表札のような飾りや板（訳者注：Muzuzahと呼ばれる律法の言葉が書かれている飾りや板を付けたり、律法の引用文が書かれている）に表現されていることを見ればその家が持っているモットーや行動のあり方を知ることができ、その家にはどんな人が住んでいるのか現実の姿が分かります。すなわち、その門をくぐってその家族を知っていくとその家族が表明していることと、本当に生きていることが、見えてきます。そこに一貫性が見えてくるように、私たちも、自分の子どもたちの人生に一貫性を持って私たちの神を刻み込むのです。

私たちの多くは仮面をかぶっています。公の場で、私たちが信仰者だと思われることを避ける傾向にあります。その結果、霊的に生きたいと思っている人々が、ドアを開けて入ってくることがありません。でも、もし、私たちが、公に信仰者としての霊的な生き方を示すならば、霊的に生きたいと望む人々が、あなたの霊的な生き方が真実であるか確かめるために、門を潜って入ってくるのを見るのです。そして、彼らは、あなたの人生の中まで踏み込んできて、それが真実であることを知るのです。これは、神を知らない人たち、また、今は知ろうとしない人たちの内に福音が広がる主の宣教の働きの大切な一部なのです。そのようにしてやがて、私たちの隣人、町々、国々、そして世界に福音が広がっていきます。ですから、私たちは、公の場でも、個人的な生き方においても、首尾一貫していなければなりません。

この聖書箇所が描こうとしていることは、もし私たちがいつでも主が命じるあるべき姿になっていなければ、神は、福音を他の人々に届けるために私たちを用いることはないということです。確かにならず者が福音を広めている現実もあり、この原則には例外もあるでしょう。しかし、神の言葉に従うことにおいて、私たちには、人々の前でいつも首尾一貫している霊的な生活を生きる責任があります。それは、いつでも、どんな状況でも、他の人にチェックされることにオープンな生き方です。

私のミニストリーの働きが加速した時期を振り返ってみると、霊的なストレスが極度に高まった時期でした。私の父が召された時、それ以前よりもより多くの人がアジアでキリストを信じました。彼らは、葬儀の時の私をよく見ていました。彼らは、私がどのように家族と接し、どのように私の子どもたちと接し、どのように外部の人と接し、どのように父の働きを閉じるのかをすべて見ていたのです。人々は、私のところにやって来てこう言いました。「あなたがどのようにこのすべてをやりこなしたのか分からないけど、私たちも、そのやり方を知りたい。」

彼らは、自分たちが霊的にも感情的にも肉体的にもできないことを父の葬儀で見ました。そして、その葬儀のおかげで、私たちがその国から追放された時、より多くの人々がキリストを知るようになったのです。次の国から追放された時も、同じことが起こりました。彼らは、私たちが恐れや、怒り、フラストレーションを抱いた非常にストレスの高い瞬間を目撃しました。私たちは、その状況の中で、うっ憤を晴らす行いに走るのではなく、よく話し合ってそれらの感情を適切に処理しました。そして、間違いを犯した時にした私たちの謝罪には、力がありました。その言動は、首尾一貫した生き方の一部だったからです。これらの人生の出来事自体が、「私は、あなたがたになって欲しいと思っている人ですよーっ」という大切なメッセージを強力に伝えていました。使徒パウロが語っている私の好きなことばがあります。「あなたはどのようにキリスト者になれるか知りたいですか。私を見なさい。」（意訳）パウロは、書簡の中で何度も繰り返しています。このみことばが伝えたいことは、次のことです。もし、私たちが住んでいる地域共同体の中で効果的に福音を伝えたいと思うなら、神がこのような人になるべきだと私たちを召しておられる姿になりなさいということです。これこそが、根本的なことなのです。私たちの人生こそが、私たちは神に属していると語ります。もし、そうでなければ、私たちは、神に属する必要はないというメッセージを発信していることになります。

弟子を育てること、教会を開拓することは、戦略を立てることで始まりません。すべては、私という存在から始まります。「私は、神がこのような人間になるようにと召してくださった人になっているだろうか。もし、そのような人になっていなければ、どうすればいいのだろうか。」私たち自身が変えられて、心を尽くし、力を尽くして神を愛する者にならない限りは、どうして、神が私を用いるということを期待できるでしょうか。

「すべてを尽くす」ということは文字通りの意味です。神との関係から自分を遠ざけるものは何か。クリスチャンに初めてなった時、神が、私たちがすべきことを辞めさせてしまったものはなにか。私は、すべてのチーム・メンバーたちにいつも言います。「もしあなたが忙しすぎて祈れなかったら、あなたは忙しすぎます。もし、忙しすぎてあなたの家庭で、また地域共同体で変化をもたらすことができなければ、あなたは、忙しすぎます。」私たちは、往々にして自分の周りにいる人たちの人生に触れるために神が願っている姿の人になろうとするよりも、自分が重要だと思うことをするために自分の時間を使ってしまいます。失われた世代の中で、弟子を育てる人になるのではなく、自分たちが重要な存在だと思うことで忙しくスケジュールを埋めていってしまう自分にやましさを感じます。

もし、あなたが弟子を育てようとしているなら、あなた自身が、イエスに従順に従う弟子となるべきです。それは、他の人がそう考えるからではなく、あなたが何よりもイエスを愛しているからです。

第十二章　祈り

私たちの奉仕している弟子を育てる働きのグループで、最も優れたリーダーたち百人を集めて会合の時を持ちました。そこで、教会をたくさん生み出しているこのリーダーたちの共通点は何かを探しました。この人たちは、それぞれが、導いているチームと共に、毎年二十以上の教会を生み出しています。あるグループは、前の年に、五百教会以上を生み出しました。これらの異なるグループの間には、多くの共通点がありましたが、中でも、すべてのチームに共通していたことは、祈りに献身する姿でした。

これらのリーダーたちは、平均一日に三時間**個人の祈りの時**を持っています。また、さらに三時間彼らの**チームメンバーと一緒に祈って**います。彼らは、皆が、フルタイムのリーダーでは、ありません。実際、彼らのほとんどは、普通の仕事をしています。一日を四時に始め、十時には、仕事についています。（訳者注：アジアやアフリカの第三世界では、日本に比べてより多くの時間があることを念頭に置いて考え、何時間祈りにささげるかということよりもより多くの時間を祈りに注ぐことの大切さをここから学ぶことが大切でしょう。）

さらに、この働きにおいて熟練した人たちは、一週間に**一日断食と祈り**をしているのです。そして、彼のチームメンバー全員が、一か月のうち一回の週末を**断食と祈り**にささげています。

私たちが全世界で行われている弟子を育てる運動に注目し始めた時、一つの大事な結論に達しました。それは、**祈りの運動**が、すべての弟子を育てる運動の前に起こっていたということです。

祈りの運動を促進させるには、二つのことに注目する必要があります。まず、私たちが、祈りの人になるべきだということ。もう一つは、人々が祈るように働きかける必要があるということです。

まずあなた自身が祈りの人になることです

この本を書いている時に、私（ポール）は、結婚生活十五年目でした。私には、三人の子どもがおり、それぞれ、十一歳、八歳、二歳になっていました。当時、アルコール依存症やドラッグ依存症を克服しようとしている男性たちのためのリカバリー・センター、ホームレスのシェルター、残留孤児やホームレスの子どもたちに食料が入った袋を配布するプログラムを運営しながら、太平洋岸北西部全体の弟子を育てる運動の指導をしていました。スポーツマンでしたから、毎日、数時間運動を欠かしません。私たちが、一番下の子を授かった時に、妻のクリスティは、公立の学校の先生を辞めて、専業主婦になりました。私たちが、太平洋岸北西部に引っ越した時、子どもたちをホーム・スクールリングすることにしました。クリスティは、家を守る責任に加えて、三人の学年の違う子どもたちの勉強を見るという重荷を負っていました。

私たちの毎日の生活は、他の多くの人たちと同じように、かなり目まぐるしいものです。その目まぐるしい毎日の生活の中で、互いの親しさを育んでいくことは簡単ではありません。クリスティと私は、会話ではなく、メモでお互いの意思疎通を図っていました。そこで、私は、大切なことを学びました。情報を伝達することだけでは、親密さとは呼べないということでした。確かに、それは、親密さの一部かもしれないけれど、もし、すべての意思疎通が、メールやメモでだけでなされるならば、お互いの親密さは、すぐに消えてしまうでしょう。

私たちと神との交わりも同様です。私たちは、神と祈りと耳とで会話をするよりも、どちらかというと、メモ帳にある祈りの課題を読み上げることで神と会話すように訓練されてきました。忙しい毎日を立ち止まることもせず、神が自分に何を語っておられるのか聞こうともしないで、私たちは、ただ早口でぼそぼそと神に祈って神との交わりを終わりにしてしまいます。ご自身のかたちに私たちを造ってくださった神との親密さをそのようなやり方で育むことができるとは思えないでしょう。

多分、皆さんは、多くの時間を使って神に祈ってきたかもしれませんが、神と語り合ったという実体験はほとんどないでしょう。神との会話を始めるのに、最初は、ぎこちなさを感じるかもしれません。でも、練習すれば、すぐにうまくなります。まず、神と共に過ごす時間をつくり、また、計画的にその時間を使ってください。そうすれば、神との親密さは深まっていきます。

とにかく何でも神に話しかけてください

私は、サイエンス・フィクションの映画が大好きです。時には、自分が好きな映画を見た後、その感想を神に話しかけたことがあります。「セレニティー」という映画の中で、主人公が、女性の副操縦士に、「君は、僕が言おうとすることは分かっているではないか」と語りかけると、彼女は、「それは知っているのですが、私はあなたのことばで言って欲しいのです」と答えます。このシーンを見たとき、神は、私に、「正にその通りだよ。それこそが私が感じることだ」と語りかけてくださいました。確かに、神は私が言おうとしているすべてのことをご存じですが、私たちが実際に言うのを喜ばれるのです。主は、私たちが主に対して語る声を聞きたいのです。神が、すべてのことをご存じであることは、主との会話が不足する少ないことの言い訳には決してなってはいけないのです。あなたのことばで主に何でも語りかけてください。

神の意見を聞きましょう

皆さんは、良い映画を見た後、友だちに電話をかけたり、メッセージを送ったりする代わりに、神にそのことを話したことはありますか。「ネイビー・シールズ」という現役の海軍特殊部隊を舞台とした映画で、特殊部隊の一人が捕虜になっていた女性諜報員を救い出しその女性の傷を手当てするシーンがあります。主に祈った後で、この映画についても私は神に語りかけました。「主よ。あなたは、このようなシーンが好きですか」と。主は、人を救われることを喜んでおられるその思いを私の心に伝えてくださいました。

神は、私たちをサタンから救われます。私たちを縛っているものから断ち切ってくださいます。主は、私たちの裸を覆ってくださいます。主は、ご自分の体を張って敵の攻撃から私たちを守ってくださいます。宇宙の創造主、天の万軍の主は、私たちの傷を優しく手当をしてくださるのです。

ここで大切なことは、このような神との会話によって神の意見を聞くことで、神とのさらなる親しい関係の中に入れられる体験となることです。

他の人たちのために祈る人になろう

私たち弟子を育てる人たちの中で一番用いられている人たちの調査をした後、私（デービッド）は、祈りのやり方を変えました。私のために祈る人たちを求めるのを止めて私が彼らのために祈ることにしたのです。

一枚の紙に一から三〇の番号をふります。それぞれの番号の横にクリスチャンの友人の名前を書きます。次に、私の予定表を見ました。すると、その日は、その月の十二日でした。それでそのリストの十二番にある電話番号に電話をかけました。

電話をかけた時、こんな風に質問をしました。「こんにちは、ランディス。今日は、君が、わたしの祈りのカレンダーのリストに載っている日です。わたしは、今日一日中あなたのために祈ります。特にあなたのことで、神様に祈って欲しいことはありますか。」

ランディスのためにこのように祈ったのは、私が初めてでした。ランディスは、驚き、感謝をし、その日心にあった悩みをわたしに話してくれました。それから、こう聞きました。「今祈る時間がありますか。」彼は、時間があったので、私は、電話口で一緒に祈りました。祈りが終わった時、ランディスは、再びわたしに感謝し、そこで会話を終えました。

すべてのことが、五分か十分で終わりました

次の日、十三日、リストの十三番の電話番号にかけ、同じようにしました。これが毎日続きました。一か月経った時、全部で約一五〇分から三〇〇分の時間を他の人のために使って祈ったことになります。わたしは、三〇人

りました。

の必要を聞いて、三〇人のために祈っただけですが、一緒に祈ったことで私たちはより深い関係を持つようにな

電話をかけられない日は、ラインなどでメッセージを送ります。もし、電子メールの方が良い場合、電子メールを使います。メールでその人のための祈りを書き出します。祈りを書くことで、その人のために実際祈ることについての責任を果たします。そして、彼らがわたしの祈りを読むと、彼らは、自分たちが祈られたのだと知ります。

もし、弟子を育てる人になりたければ、祈る生き方において成長しましょう。毎日違う人のために祈ることに自分をささげましょう。祈っている三十人の人に三十人のために祈るように励ましましょう。すぐに、神のみこころに従う祈りをささげる神の子たちが駆り立てられ、神の御手が働いていくのを見ることになります。

神に聞こう

祈りとは、自分がして欲しいことをしてもらうために神の腕をひねりあげるようなものではありません。あなたの心と理性を神と一つに合わせていくことです。祈りとは、神と時間を十分使って、神の街（私たちが住んでいるところは神の街です）のため、また、神の民（クリスチャンだけではなく、すべての人が神の民です）のために持っておられる神のビジョンを知ることなのです。そして、神と時間を共有し、主の街を一緒に歩いていく時、神は、あなたの耳にささやいて、この街のために神が持っておられる計画を教えてくださいます。私たちが重荷で押しつぶされないように、恐らく、一度に教えてはくださらないでしょう。ですから、主は、少しずつ教えてくださる

のです。

私（ポール）が、宣教地から帰国してポートランドで新しい働きを始めた時、何から手をつけたらいいか全く分かりませんでした。ポートランドは、何百という新しいコミュニティーによって新しい文化ができていました。同時に、私には新しい仕事がありました。その複雑な状況の中で、私はやる気を失っていました。

あなたはどうですか。どこから手をつけたらいいか分からない時どうしますか。祈るでしょう。私は、最初の数か月間非常に多くの時間を祈りに使いました。祈りながら、救助センターの近隣を歩いて回りました。

ある時プレヤー・ウォーク（祈りながら歩く）をしていると、ストリップ劇場の前を通りました。

「主よ。このストリップ劇場を閉じてください。経済的に悪い状態だからとか、問題をもたらすから閉じて欲しいのではありません。そこで働いている人たちが、あなたを知ることのために、閉じていただきたいのです。今劇場になっている施設が、地域に届くため、多分教会の建物となって欲しいのです。主よ。この人たちに福音を伝える方法を教えてください。私は、中に入っていけません。私は、自分の誘惑に耐えることができる私の限界を知っています。そのような誘惑の中に私が入っていかないでも彼らに福音を伝える方法を教えてください。」

その時です。神が答えてくださったように感じました。彼女たちが生きている生活圏への宣教への洞察力をくださいました。

「そこで働いている女性たちは、近所に住んでいるんだよ。」

「本当ですか。」

「彼女たちは、仕事が終わったら、皆疲れてるから、できるだけ早く家に帰りたいと思うのさ。家では安全に、眠ることができるからね。」

「それから、彼女たちは、この地域で生活に必要なことを手に入れている。あそこでコーヒーを飲むし、ネールサロンも隣にある。その通りの先には、空手道場もあり、用心棒たちは、そこで運動する。」

「もし、このコミュニティーに福音を届けたいと思うなら、この近隣に住んで、ここで仕事を見つけて、この近くを行き来する既婚の夫婦か、若い女性たちを何人か見つけるのが良いかも知れないよ。このクラブで働く女性たちと会えるから。」

また、別の時、他の地域で、その地域のために「神様、この地域の人たちと関係を持つには、どうしたら良いでしょう」と、祈りながら歩いていました。この地域は、閉ざされ、この人々と会うのは大変だと感じたからです。

再び、主は知恵を与えてくださいました

「犬を売ったり、犬の体を洗ったりするビジネスをしている店があるだろう。」

「もし、この地域に移り住んで、犬を散歩させたり、ペットを預かったりするビジネスをする夫婦を見つければ、その人たちは、この地域のほとんどの人々を知ることができるようになる。人々の家の鍵を預かり、家にも招かれるようになるに違いないよ。それは、この地域に福音を伝える一つの方法だね。」

ルカの福音書10章2節にはこう書かれています。「そして彼らに言われた。『収穫は多いが、働き手が少ない。だから、収穫の主に、ご自分の収穫のために働き手を送ってくださるように祈りなさい。』」

祈りながら近所を歩き回った時、神は、私がどのように新しい地域の人々に関わったら良いかその方法を教えてくださいました。クリスチャンたちは、失われた人々と何気ない会話を始め、それがやがて意味ある会話に導かれ、霊的な会話に続き、ディスカバリー・グループに導かれます。残念なことに、この本を書いている時に、この地域に福音を届けるために、このやり方で人々に喜んで関わってくれる人は見つかっていません。女性たちは、ストリップ・クラブで未だに働き、そして、人々は自分たちの犬を未だに散歩させています。私は、誰かがこの地域で収穫を得るために働き人として遣わされるようにとずっと祈り続けています。

神の国が来るように、主のみ旨がなるように祈りましょう

イエスは、こう祈られました。「御国が来ますように。みこころが天で行われるように地でも行われますように」（マタイ6章10節）。天の国のたとえを祈りのガイドとして用いることは、近隣の方々のために祈るのに効果的な方法です。例えば、マタイの福音書13章1～9節の種まきのたとえを取り上げましょう。

「……種を蒔く人が種蒔きに出かけた。……」

「父なる主よ、この地域の人々に天の御国《みくに》を伝える種を蒔く人たちを送ってください。これらの種を蒔く人たちが、あなたを愛する敬虔な男女でありますように。この人たちが、リーダーとなり、また、仕える人たちになりますように。この人たちを誘惑から守ってくださり、悪から守ってください。福音を伝えること、あなたの失われた羊の世話に集中するために、生活の必要を満たしてください。」

「種がいくつか道端に落ちた。すると鳥が来て食べてしまった。」

「父なる主よ、神の国の福音は時に理解するのが難しいです。本当は愛と喜びに満ちているのに。時には、厳しすぎる、難しすぎると聞こえるものです。どうか、道端で表現されている人々の心が和らぐように働いてください。聖書のことばを聞いて、理解し、喜びを持って受け入れることができるように彼らの心を開いてください。彼らが聖書のことばについて考えようとする前に、彼らの心からみことばを奪い去ってしまうサタンに対抗して祈ります。サタンを縛ってください、そして、あなたの子らがみことばを聞くチャンスを奪われることから守ってください。」

「また、別の種は土の薄い岩地に落ちた。土が深くなかったので、すぐに芽を出した。しかし、日が昇ると焼けて、根がないために枯れてしまった。」

「父なる主よ。これ以上もないほどの喜びを持って、人々が、御国の福音を受け入れる時、私たちは、非常に励まされます。でも、時々、信仰を受け入れた人たちがどれほど確信を持っているのか心配になります。人々が困難に直面する時、信仰がなくなってしまうことを知っています。なぜなら、彼らの信仰の深さがないからです。神の言葉を聞き、喜びを持って受け入れた人たちすべてが、その信仰に深さを増すことができるように、種を蒔く人たちである私たちが、彼らを助けることができるようにしてください。願わくは、信仰の根が深く根付き、彼らとあなたの関わりを崩す危険のあるすべての試練や誘惑に対してしっかりと立ち向かっていけますように。」

「また、別の種は茨の間に落ちたが、茨が伸びてふさいでしまった。」

「父なる主よ。人生は大変です。あなたを愛していくことやあなたの子として生きていくことから気をそらすものがあまりにたくさんあります。私たちが気をそらしてしまうことから私たちを守ってください。人生が困難になる時に、私たちの喜びを失うことがないように守ってください。私たちの人生があまりにたくさんのもので塞がれて実を結ばなくなることのないようにしてください。あなたのことばを聞こうとしている人たちのためにもこのことをお願いします。実がない人生を歩まないように彼らを守ってください。サタンは、彼らが実を結んであなたの栄光を表し、彼らが愛している人たちのいのちを救うことを妨げようとしています。サタンの嘘から守ってください。」

「また、別の種は良い地に落ちて実を結び、あるものは百倍、あるものは六十倍、あるものは三十倍になった。」

「父なる主よ。良い地から生み出される実を見たいと願っています。素晴らしい実を結ぶために御国の福音を聞く人たちが欲しいです。私たちは、彼らの喜びを経験したいです。彼らと一緒に喜び祝いたいです。あなたの栄光が表され、救われた方々から生み出されてくる第二、第三、第四世代のすべての人と一緒にあなたを礼拝したいです。願わくは、この豊かな実と収穫を私たちの世代で経験したいです。アーメン！」

以下、マタイの福音書にある御国のたとえのリストです。

種を蒔く人の譬え（13章1～23節）

毒麦の譬え（13章24～30節）

からし種とパン種の譬え（13章31～33節）

隠された宝の譬え（13章44節）
非常に高価な真珠の譬え（13章45～46節）
網の譬え（13章47～50節）
新しい宝と古い宝の譬え（13章51～52節）
赦さないしもべの譬え（18章21～35節）
ぶどう園の労働者の譬え（20章1～16節）
二人の息子の譬え（21章28～32節）
ぶどう園を借りた農夫たちの譬え（21章33～46節）
婚宴の譬え（22章1～14節）
十人の花嫁の譬え（25章1～13節）
十タラントの譬え（25章14～30節）

これらの聖書箇所をガイドとして用いてあなたの地域のために祈ってください。この本の中で、再び小グループで祈るためのアウトラインとしてこれらの聖書箇所を用いることについて話します。

失われた人々の声を聞きましょう

「君は、受信するためにダイヤルを合わせなければいけない時に、送信している。」このことばは、私の義父がよく言っていたことばの一つです。確かに、義父は正しいことを言っています。自分の心が燃えていると、自分が会話の中心になってしまい、一緒に話している人たちの話を聞くのを止めてしまいます。今は昔よりもだいぶ良くなりましたが、まだまだです。

失われた人々に関わっていく時、多くのキリスト者が、語ることに終始し、人々の思いに自分の耳を貸すことを忘れてしまいます。結果として、この騒音に包まれた世界に、もう一つの騒音を加えてしまうことになります。キリスト者が、耳を傾けない時、失われた人たちは、関心を失ってしまいます。

弟子を育てる人たちは、地域コミュニティの人たちの声に耳を傾けていかなければなりません。今、地域で何が行われているのかを聞き、一体地域の人々が必要としていることは何かということをしっかりと認識していく必要があります。これによって、地域により効果的に関わるための助けになるばかりか、地域の声を聞いていくことは、人々のためにより効果的に祈るためのよき助けになります。

あなたが福音を届けたいと願っている地域に住むことに代わるものはありません。街を歩いてください。地域のレストランで食べてください。地域のコーヒーショップでコーヒーを飲んでください。もし、主にある確信があなたにあるなら、地域のパブやバーにも行ってください。

ぜひ、人々を観察してください。年齢層は。地域に子どもはいますか。いるとすれば、子どもたちの年齢層は。両親は、どのように、互いに関わっていますか。どのように子どもたちと関わっていますか。どんな服を着ていますか。どのお店で買い物をしますか。お店のトイレに、「お客様専用」というサインがありますか。人々は、見知らぬ人にも挨拶をしますか。目を合わせますか。外国人を見かけますか。地域の人々は、外国人にどのように関わっていますか。

あなたは、地域の必要は、よくわかっていると思っているかも知れません。でも、実際に地域の声を、彼らのことばで聞くまで、彼らのためにどうやって祈るか全くわかりません。ＰＴＡの会合に出かけてください。町の会合に行ってください。地方新聞をとってください。地域のブログ投稿者、ツイッター（現Ｘエックス）投稿者、フェイスブック（Facebook）のグループをインターネット上で探してみてください。彼らが、この地域でどんな必要があると言っているか注意してください。彼らが持っている地域の問題に対する見方に耳を傾けてください。

地域の人々に質問をしてみてください。「なぜ？」という言葉を使うと、衝突を引き起こす可能性がありますので、「もう少しわかりやすく説明してくださいますか」という言葉を使ってみましょう。この時は、衝突したり、説教したり、教える時ではありません。理解するということは、同意することではありません。理解することで、あなたは、地域のために祈る時、神と話し合うべきことがたくさん与えられるのです。

神は、私たちに二つの耳と一つの口を与えてくださったのには意味があります。おそらく、神は、私たちが語ることよりも耳をすませて聞いて欲しいのだと思います。

人々を祈るように動員する

ボージュプリー人たちの間で、開拓伝道の働きのはずみがついてきた頃、祈りのネットワークは、十万人になっていました。しかも、インターネットや電子メールが普通に使われる以前のことです。シティ・チームの祈りと断食へのコミットメントと、千五百人以上の人たちが毎週一時間（毎日十分平均）祈りに時間を使い、特にこの運動のために祈った結果、チームのサンフランシスコや南アメリカでの拡大して広がる弟子を育てる運動は、順調に進んでいきました。今は、カルフォルニアに、中部アメリカ、南アメリカに一六九五のディスカバリー・グループができていて、少なくとも第八世代目まで成長しています。祈りは、決定的に重要です。そして、強調してもしきれないほどです。私たちは、祈りの運動なしに弟子を育てる運動を進めることができません。

デービッドと私は、アメリカや世界で働いている宣教師たちが不満を口にするのを聞きました。「あなたが訓練会で語ってくださったことをずっとやってきましたが、何も起こっていません。弟子を育てる運動は、ここでは上手くいかないですね。」彼らに同情して、幾つか質問をしました。確かに多くの宣教師たちは一生懸命働いてきました。個人的には、良い祈りの生活を送っています。しかし、私たちが、さらに深く掘り下げみると、ほとんどの場合、それらの宣教師たちが持っている祈りのネットワークがかなり小さいことがわかってきます。たいてい、百名かそれ以下です。しかも、彼らの祈り手とのコミュニケーションは、月一回のニュースレターと、時折出される緊急の祈りのリクエストの電子メールだけです。このコミュニケーションの頻度は、一般的にはかなり良い方だと思われるかもしれませんが、このレベルの祈りのネットワークでは、小さすぎて弟子を育てる運動を支えることができるとは思えないと私たちは考えています。

もし、あなたが弟子を育てる働きを始めようとするならば、広範囲の祈りのネットワークを新しく始め、訓練し、動員する必要があります。たとえ、あなたが、経済的に支えられたフルタイムの働き人であっても、他に仕事をしながらの働き人でも同じです。よく組織された祈りのネットワークがなければ、やがて弟子を育てる働き人は、落胆し、失望することでしょう。

人々に祈るように教える

たいていの人は、どのようにあなたのために祈ったらいいのかわかりません。また、地域コミュニティのためにどう祈ったらいいのかもわかりません。もし、あなたが、祈って欲しいと願うならば、彼らに祈り方を教えなければなりません。そのやり方については弟子たちに祈りを教えてくださったイエスから多くを学ぶことができます。

イエスはある場所で祈っていましたが、祈りが終わった時に、弟子の一人がイエスにこう言いました。「主よ。ヨハネが弟子たちに教えたように、私たちにも祈りを教えてください。」（ルカ11章1節）主は彼らにこう言われました。「祈るときには、こう言いなさい。『父よ、御名が聖なるものとされますように。御国が来ますように。私たちの日ごとの糧を、毎日お与えください。私たちの罪をお赦しください。私たちも私たちに負い目のある者をみな赦します。私たちを試みにあわせないでください。』」（同2～4節）

第一に、主イエスは祈りました。主イエスは、まずご自分が祈ることによって弟子たちに祈りを教えられました。同様に、人々に祈ることを教えることはあなたの見本から始めます。まず、自分の祈りの生活が健全なものになるように鍛錬してください。神があなたの友として同じ部屋に座っているかのように、会話することを学んでください。また、ただ、家や教会で座ってばかりいないで、通りを歩いて、あなたの地域について神と話をしてください。そして、これらをする時に、だれかを一緒に連れて行くことをお勧めします。

第二に、主イエスは、主の祈りによって弟子たちに祈り方を教えられました。後で祈りの集まりをリードすることについて話しますが、これらの集まりにおいて、御国のたとえを通して地域のためにどうやって祈ったらいいか人々が学ぶのを助けます。また、誰かと近所を散歩している時に、プレーヤー・ウォークの大切さについて、プレーヤー・ウォークに他の人を一緒に連れて行くことの意味についてその人に話します。

第三に、主イエスは、弟子たちが祈る時に、神に対してどのような態度で祈るべきか教えられました。神に対しての私たちの態度について、また、その態度が祈りにどのような影響を与えるかについては、すでに多くを語りました。私たちの祈りや神への態度が変革されていても、私たちには、他の人たちを祈りの旅に連れて行く責任があります。

一緒に集まって祈る

集まって祈ることを促進させることは決して難しいことではありません。もし、まだそのようなことをした経験がなければ、初めは少しストレスを感じるかもしれません。これからお分ちするヒントが助けになればと願います。

まず、あなたの友人数人か、また、あなたの教会の何人かを地域のために祈るために、あなたの家に招待してください。何時に始まり、何時に終わるのか、また、その会合の多くの時間を祈るために使うことを伝えましょう。

最初の三〇分は、コーヒーを飲んだり、クッキーを食べたりすることをして、皆がその祈りの会に落ち着くようにします。人々は、関係づくりに時間が必要です。この時間を、予定に入れておいて計画してください。でも、三〇分にとどめておきます。そうしないと、皆が互いに交わる時間がそのほとんどを占めてしまいます。三〇分の互いに交わる時間が来たら、祈りの時間に入ります。祈りの時間を導くのを助けるためにあなたが聖書を使うことを説明してください。そして、一節か二節を読んで、彼らがあなたの共同体のために祈るのを励ますようにと、その節を用いるように求めます。数節ごとに休みを入れ、主の導きに従って皆に声を出して祈るように導きます。

放蕩息子のたとえ話を祈りのガイドとして用いる例（ルカ15章11～45節）

朗読：イエスはまた、こう話された。「ある人に二人の息子がいた。弟のほうが父に、『お父さん、財産のうち私がいただく分をください』と言った。それで、父は財産を二人に分けてやった。それから何日もしないうちに、弟息子は、すべてのものをまとめて遠い国に旅立った。そして、そこで放蕩して、財産を湯水のように使ってしまった。」

声に出す祈り：「父なる神さま、この地域には、あなたが与えてくださったもの自分を破壊するために湯水のように使う人がたくさんいます。売春、アルコール中毒、麻薬中毒、物質主義、私利私欲のために生きる人です。どうぞ、彼らを自分たちの弱さから守ってください。このような生き方をしている人たちに私たちがどう仕えるべきか知ることができるように助けてください。私たちの心を彼らへの情熱で満たしてください。父よ。これらが、父であるあなたの答えを必要としている霊的な問題です。」

朗読：何もかも使い果たした後、その地方全体に激しい飢饉が起こり、彼は食べることにも困り始めた。それで、その地方に住むある人のところに身を寄せたところ、その人は彼を畑に送って、豚の世話をさせた。彼は、豚が食べているいなご豆で腹を満たしたいほどだったが、だれも彼に与えてはくれなかった。

声に出す祈り：「飢餓は、私たちの地域の問題です。霊的な飢餓は、食料の飢餓と同じように現実のものです。このような霊的な飢餓の中に住む人々に気がつくことができるように助けてください。彼らのために何かすることに対して無力だと感じる過去から前に一歩進んで、霊的に飢餓状態の人々の人生に何か違いをもたらすことができるように助けてください。」

導かれるままに祈るときを持ちます。

朗読：「しかし、彼は我に返って言った。『父のところには、パンのあり余っている雇い人が、なんと大勢いることか。それなのに、私はここで飢え死にしようとしている。』」

声に出す祈り：「ああ、父よ。あなたこそが、霊的な飢え乾きの答えを持っておられるただ一人の方であることを、人々がわかる時が早く来ますように。どうか、人々が自分たちは、滅びに向かっていることに気がつく時が来ますように。この地域の人たちが、霊的な現実に目が開かれてしっかりと見ることができるようにしてください。」

導かれるままに祈るときを持ちます。

朗読：「立って、父のところに行こう。そしてこう言おう。『お父さん。私は天に対して罪を犯し、あなたの前に罪ある者です。もう、息子と呼ばれる資格はありません。雇い人の一人にしてください。』」こうして彼は立ち上がって、自分の父のもとへ向かった。ところが、まだ家までは遠かったのに、父親は彼を見つけて、かわいそうに思い、駆け寄って彼の首を抱き、口づけした。

声に出す祈り：「父よ、私たちの地域の人たちの心に働いてください。私たちの霊的な状態に気がつき、私たちがイエスの力を必要としていることに気がつかせてください。あなたに近づくための最初の一歩を踏み出すことに恐れを感じてしまう、その一歩を踏み出させてください。父よ。あなたに向かう時に、あなたが私たちにしてくださっている抱擁を感じることができるようにしてください。この地域の人たちがあなたに立ち返り、あなたの抱擁を感じるとき、私たちを証人として立たせてください。」

朗読：「息子は父に言った。『お父さん。私は天に対して罪を犯し、あなたの前に罪ある者です。もう、息子と呼ばれる資格はありません。』ところが父親は、しもべたちに言った。『急いで一番良い衣を持って来て、この子に着せなさい。手に指輪をはめ、足に履き物をはかせなさい。そして肥えた子牛を引いて来て屠りなさい。食べて祝おう。この息子は、死んでいたのに生き返り、いなくなっていたのに見つかったのだから。』」

声に出す祈り：「父よ、あなたがこの地域にしてくださる祝福の実を、まだ一緒に祝うことができていませんが、あなたのみ業に参加させてくださっていることを感謝いたします。あなたと、そして、あたらしい兄弟姉妹と一緒に祝福の実を祝うことができますように。その日のことを覚えあなたに感謝します、その日が早く来ますように！」

導かれるままに祈るときを持ちます。

聖書の言葉によって祈ることが終わったら、あるいは、一時間が過ぎたら、祈りを終わりにします。最後の三〇分で、祈りのときに、神が何を語ってくださったかを話し合います。祈りとは、その地域のために神が何を願っておられるのか知ることだということを忘れてはなりません。この時間は、恐らくこの祈りの会合で最も大切な部分かも知れません。

西洋社会では、時間は大切です。もし、あなたが西洋文化の中で、祈りの集まりを始めようとするならば、時間に注意する必要があります。もし、この集まりのために人々が予定した時間を超えてしまうならば、恐らく彼らはこの会に戻って来ないでしょう。また、長ければ長いほど、このような会を増やして行くことが困難になります。多くの人たちは、時間が長くかかるイベントを自分のところで主催したり、参加するのをいやがります。子どものお世話係を頼んだ人にとっても、集会が長過ぎると問題となります。文化的な制約を考慮しましょう。無理に強いるべきではありません。

このような**祈りの会**を月一回持ちましょう。また、同時に祈りのパートナーたちが自分でこのような祈りの会合を持つように励まします。大きな集会を持つことが目的ではなく、むしろ、このような小さな祈りのグループが、一〇〇できるように増やしていくことが目的です。このようなやり方は、地域のために祈る人々を五〇〇人から一〇〇〇人動員するために、効果的な方法です。

地域に住んでいない祈りのパートナーのための祈りの集会

弟子を育てる人は、地域に住んで働いていない人々を募って、その働きのため、あなたのチームのために、祈ってもらう必要があります。彼らの教会や小グループなどであなたがしていることについて話させてもらえるか聞いてみてください。あなたの宣教について情熱を持っている人たちを捜してください。今示したやり方で月々の小さな祈りの集会を始めてくれるか頼んでみてください。スカイプ、ライン、ズームなどを使って、その人たちの祈り会の最初の会合に参加してください。そして、あなたの奉仕している場所での弟子を育てる運動の課題を短く分かち合ってください。次の週あなたがしようとしていることの祈りの課題を一つだけ、短く話してください。皆さんがあなたのために祈ってくださっていることを感謝し、あなたは退出して、彼らが祈りに入れるようにします。次の週必ず彼らにメールを送って感謝し、神が彼らの祈りにどのように答えてくださったか伝えてください。

あなたの祈りの友に、それぞれが祈りのカレンダーを用いて祈るように励ましてください。もし、あなたが十人の人に祈りのカレンダーを始めさせることができれば、あなたを含め、そのネットワークにいる人々は、十一人の人のために毎日祈り、一か月に三百三十人の人のために祈ることになります。互いのために祈り始めると、祈りの文化が育ってきます。この文化が、育ってくると、神は、神の民に神のみ旨をささやきます。そして、地域にいる人たちをイエスの元に導く主の働きのために祈る人々を起こしてくださるのです。

祈りの文化は、神が、その民を動員して主のみ旨を行わせ、地域に社会的、霊的な変革がなされるための基盤と霊的な姿勢をつくり上げていきます。

プレーヤー・ウォーク（歩きながら祈る働き）に誰かを一緒に連れていく

私は、一九六六年にスティーブ・ハウソーンが書いた、「プレーヤー・ウォーク：現場で祈る祈りについての洞察」（訳者訳）を読んでからプレーヤー・ウォークの大ファンになりました。プレーヤー・ウォークのアイディアが好きです。歩きながら祈ると、祈っている時に寝込んでしまうことがありません。動いていることで常に周りに注意を払い、座ったりひざまずいて祈っている時よりも、もっともっと祈りに集中し続けることができます。さらに、いつも近所を歩き回っていると、神が地域に起こる小さな変化に気づかせ、関わるチャンスや、仲間となる可能性のある人々と会わせてくださいます。神は、地域の人たちが、神を知るようになることを願っておられます。ですから、私が歩きながら祈る時に、神が私の考え方や私の持つアイディアを神のみ旨と合わせてくださるのです。

何年にも渡って私が歩いて経験してきたプレーヤー・ウォークから集めた裏技を示します。

◆祈る時間をスケジュールに入れましょう。もし、プレーヤー・ウォークをスケジュールに入れないと、ほとんど実行に至りません。

◆ルートを計画しましょう。行き先が分かっている方がプレーヤー・ウォークはやりやすくなります。

◆適切な格好をしましょう。天気予報が雨の場合、雨が降っても良い格好をします。もし、寒くなるという予報ならば、暖かい格好をしましょう。暑くなるという予報ならば、汗をかいても困らない服装をします。最悪なことは、場違いの服を着ることで、逮捕される事さえ起こります。

◆途中で飲食物をとることも予定に入れましょう。途中、お店やカフェなどで休むのが、良いでしょう。なぜなら、近隣の人たちと交流できるからです。しかし、自分のために小さなバックパックに水やスナックなどを入れて持って行くのも良いでしょう。喉を潤したり、体力を回復するためです。

◆プレーヤー・ウォークを始めたら途中で止まらないようにしましょう。歩きながら、しっかり目を開いて祈ります。他の人たちにとっては、あなたがたが、近所を歩きながら二人の人が会話をしているように見えるようにすべきです。

◆カメラを持って行きましょう。スマホにあるカメラで大丈夫です。祈りの課題を追加するために、写真を数枚とっておきます。実際に道を歩いて祈ることができない時に、祈りのガイドとして役立ちます。

◆ノートを持って行きましょう。歩いている時に、主が、何か示されたら、ベンチに座るか、カフェに寄って書き記してください。忘れないためです。

二週間に一度、あなたが個人的なプレーヤー・ウォークをするようにお勧めします。最低月一回誰か友人を連れて行きましょう。あなたのチーム・メンバー全員が個人的なプレーヤー・ウォークを、自分でしたり、ネットワークに属しているクリスチャンたちと一緒にするように、励ましましょう。弟子を育てる運動を促進させるためのステップを通して、あなたの祈りのパートナーにあなたと祈るように教えましょう。

この本では、あなたが弟子を育てる人になって、この運動を促進させていくために必要な、七つの戦略となる要素をカバーしています。それぞれの戦略となる要素には、特定の祈りの課題があります。あなたが、歩きながら祈るためだけでなく、また、他の人があなたのため、あなたのチームのために祈ることを教えるためにも、これらの課題について知っておく必要があります。ほとんどの人々は、あなたのためにどう祈ったら良いか知りません。「どこどこの地域で、失われた人たちのために働いている誰々と共に居てください。」程度の祈りではなくもっと具体的に祈って欲しいと願うならば、彼らをどう祈るべきか教えなければなりません。彼らが効果的に祈ることを教えるのは、あなたの責任です。

第十三章　失われた人に関わる

特定の場所（例えば、都市、大学など）に、多くの人が集まれば集まるほど、自然に、似た者同士の小グループができてきます。このグループが、やがて大きくなっていくと、そのグループに属さない周りの人たちにもその存在が、明らかになります。これらのグループは、別のグループと互いに出入りはできますが、互いを区分する明確な境界線を持っています。社会人類学者は、これらの区分を、「サイロ」と呼んでいます。（訳者注：元々サイロは、牧場で見かける牧草や穀物の貯蔵庫のことですが、比喩的には独立して存在するユニットのことです）

これらのサイロが、どのように組織されるかは、その場所によって異なります。人種ごとに集まったり社会経済的に似たものたちが集まったり、また、小グループで組織されることもあります（その場合、ある固有の文化の中や社会経済的な区分の中に存在する場合が多い）。また、家族は、サイロの最小単位です。時には、サイロはオーバーラップします。なぜなら人は、複数の共同体の中で生活し、働き、遊ぶものだからです。このサイロの仕組みを理解するのに、これという簡単でお決まりのルールはありません。実際に、調査に時間をかけ、ある特定の地域

ほとんどの共同体は、より小さなグループの寄せ集めであり、その人々は、その「**サイロ**」で生活し、働いています。大学のキャンパスもこのような機能を持っています。

においてどのように人々は集まっているかということを観察していく以外に方法はないのです。それを続けていくと、やがて、パターンが見えてきて、その場所におけるサイロが分かってきます。

個人を地域共同体から引き離す福音宣教、弟子運動、サイロ

最も典型的な福音宣教には、共通の要素があります。それは、「個人を共同体から引き離すこと」です。この引き離す福音宣教の主体は、牧師、開拓伝道師、伝道師、宣教師のような共同体の外部リーダーです。このような働き人は、だれでも福音を聞く人に福音を語ります。引き離す宣教では、個人を救うことが目的で、その人がどのサイロに属しているかについては、あまり関心がありません。もし、引き離す福音宣教のやり方をしている人が、サイロに目を向けるならば、福音が届いていないグループの人々に近づく方法を見つけ、福音のメッセージを適応させ（文脈化）、サイロにいる人たちを救いに導くためにより良い方法を見い出すことができます。但し、このやり方では、一つのサイロ全体を弟子化する可能性があるにもかかわらず、個人の救いの方がより重要になります。残念ながら、引き離す福音宣教の方法は、貧弱な神学のもたらすものであり、また、サイロの組織を理解しなかったり、その組織の存在を無視したりすることの結果なのです。

確かに、パウロがローマ人への手紙10章9～13節で語るように、人は、個人的にキリストに従うという決断をしなければなりません。

「なぜなら、もしあなたの口でイエスを主と告白し、あなたの心で神はイエスを死者の中からよみがえらせたと信じ

るなら、あなたは救われるからです。人は心に信じて義と認められ、口で告白して救われるのです。聖書はこう言っています。『この方に信頼する者は、だれも失望させられることがない。』ユダヤ人とギリシア人の区別はありません。同じ主がすべての人の主であり、ご自分を呼び求めるすべての人に豊かに恵みをお与えになるからです。『主の御名を呼び求める者はみな救われる』のです。

しかし、聖書の中では、家族や共同体という文脈以外の場所で個々人がキリストのところに来る場合はまれで、むしろ例外的です。例えば、後にパウロとなるサウロ（使徒9章1～19節）やエチオピアの宦官《かんがん》（使徒8章27～38節）の場合です。イエスは、マタイの福音書28章19～20節で、私たちに、「すべての国の人たちを弟子としなさい」と命じていますが、すべての国々にいる個人という意味だけではありません。

「ですから、あなたがたは行って、あらゆる国の人々を弟子としなさい。父、子、聖霊の名において彼らにバプテスマを授け、わたしがあなたがたに命じておいた、すべてのことを守るように教えなさい。見よ。わたしは世の終わりまで、いつもあなたがたとともにいます。」

マルコの福音書16章15節やルカの福音書ルカ24章46～48節ではすべての造られた者、また、すべての国の人々に宣べ伝えるべきだと記しています。

「それから、イエスは彼らに言われた。『全世界に出て行き、すべての造られた者に福音を宣べ伝えなさい。』」

「こう言われた。「次のように書いてあります。『キリストは苦しみを受け、三日目に死人の中からよみがえり、その名によって、罪の赦しを得させる悔い改めが、あらゆる国の人々に宣べ伝えられる。』エルサレムから開始して、あなたがたは、これらのことの証人となります。」

使徒の働き1章8節は、エルサレム、ユダヤ、サマリヤ、および、地の果てにまでと、私たちが共同体に対して証しすべきことを強調しているのです。**大宣教命令**は、共同体や国に強調がおかれているように思われます。

聖書に出てくるキリストに従う決心をすることについての記事で共通することは、ある人の信仰決心に続いてその人の家族全体あるいは、家全体が信じてバプテスマを受けたという表現が使われていることです。このパターンは、使徒の働き10章のコルネリオの記事でも出て来ます。ペテロは、使徒の働き11章で、自分がした異邦人への宣教の拡大について弁明しています（使徒18章8節、Ⅰコリント1章16節、同16章15節参照）。宣教における個人的な関わりは、すぐに家族に広がっていき、そして、家族が宣教の焦点となっていきます。時には、共同体全体がキリストを知るようになるまで広がります。ヨハネの福音書4章1～26節——井戸のところの女性の物語がそうです。ピリピの看守が奇跡を経験しますが、家族全部がイエスを信じて、バプテスマを受けます（使徒16章23～40節）。リディヤと女性たちは、最初パウロから福音のメッセージを聞きましたが、リディヤの家族全部がバプテスマを受けます（使徒16章11～15節）。

引き離す弟子運動は、引き離す福音宣教と似ています。互いに全く関係がなかった人々が主を信じて、それぞれが属していたサイロから引き抜かれ、そして、集められて教会という新しいサイロを形づくります。その人たちは、新しい文化を習い、内側の人たちの使う言語を話し、新しい人たちをその新しい共同体に導くようにと勧められるのです。もちろん、古いサイロを離れる準備ができていればですが。古いサイロ内で救われた個人に対

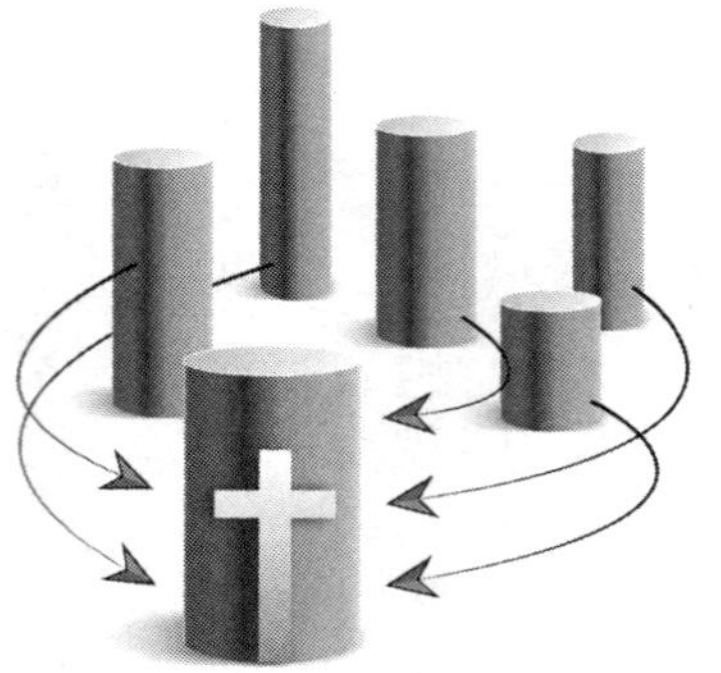

伝統的な教会開拓は、人々をサイロの中から引き離して、新しい「教会」と私たちが呼んでいるサイロをつくります。

する迫害など困難がなければ、古いサイロ全体を贖うという考えはほとんどありません。しばらくしないうちに、新しい信者たちは、新しいサイロに慣れ親しみ、古いサイロから遠ざかってしまうために、彼らの家族、共同体、また、国々に福音を述べ伝えるのが、ほとんど不可能に近くなってしまいます。それで家族は、自分たちの愛する者たちがまるで異端にとられたかのようにクリスチャンたちに取られたとか誘拐されたかのように考えてしまいます。サイロという共同体の持つ特徴は、属する人が、その文化を捨てて出ていく時、残された人たちが出て行った人に疑惑の念を抱くことです。これを国のレベルで考えるならば、国は、反逆者たちを許してはおきません。

引き離す福音宣教をしている教会は、宣教の増殖が困難であるということを見いだします。それぞれが経験している痛みによって、教会員は、他の人々に同じ痛みを負わせることが困難だと感じます。結果的に、引き離す福音宣教の原則による教会のメンバーは、ほとんど効果的な弟子を育てる人になることができません。それで、宣教師や開拓伝道師は、新しい開拓教会を生み出す度に、同じ悲惨な結果をもたらすということを続けていかなければなりません。すなわち、個人が引き抜かれた結果、家族は崩壊し、共同体は引き裂かれていくのです。

私たちは、サタンが、引き離す福音宣教方法論の中に働いていると考えています。サタンは、引き離す福音宣教や引き離す弟子運動の戦略を使うことを励まします。なぜなら、そのやり方では、サイロすなわち救われた人の属していた共同体を全く考えに入れないので、その結果、一人の人を救うと同時に、家族、共同体の残りの人が失われることになるからです。すなわち、一人の人を得て、十人あるいはそれ以上の人を失うというのがこの宣教方法の結果です。一人の人を主のために獲得することで、私たちは、素晴らしいことをしたと考えている時、私たちのほとんどが、サタンの手の中で踊らされていて、実際私たち家族、共同体、すなわち、サイロを失っていることなのです。

伝道方法に関する考え方を変えるのは、簡単ではありません。引き離す福音宣教方法は、西洋キリスト教文化の中に深くしみ込んでいます。しかし、それは、弟子運動において、福音の広がりに余りにも多くの障害を引き起こしています。引き離す福音宣教方法は、人々が福音に反発する思いを植え付けているのです。一方、もし、私たちが、弟子を育て始め

人々を共同体から抜き離す伝道の考え方	弟子を育てる考え方
一回に一人の人にフォーカスをあてて福音を伝える	一回に、一家族、あるいは一つの共同体に福音を伝える
一人の人が救われることが成功と見る	一つの家族や一つの共同体に福音が届くことが成功と見る
新しい信仰者を生きている共同体から取り出して、新しいブランド化されたクリスチャン共同体のメンバーにする	存在している家族や共同体の中で弟子を育てることを励ます
キリスト教文化を新しい信仰者に植え付ける	地域の文化を贖う
入国が制限されている国々では、迫害のレベルが増加する結果を生み出す	入国が制限されている国々では、普通の迫害という結果を生み出す
教会外の人は、共同体を破壊するものたちと見る	教会外の人は、何か新しいものだと見るが、共同体を破壊するものとは考えない
新しい信仰者とその家族に痛みをもたらす —— 一つの共同体を離れて、新しい共同体に移る	喜びのプロセス —— 家族がキリストを一緒に見いだす
信者の人たちに、自分がかつて生きていた共同体に戻って、人々を見つけて新しい共同体に連れてくることを励ます	信者の人たちに、自分たちが存在している共同体でキリストのように生き、日々の生活の一部として福音を伝えることを励ます

るならば、それが弟子を育てる運動を全世界に広げることになります。もし、弟子を育てる運動が、私たちの目標ならば、引き離す福音宣教の考え方から弟子を育てる考え方に大胆に移行しなければなりません。

弟子を育てること、福音を植え付けること、そして、サイロ

では、どのように考えていけば良いのでしょうか。私たちは、個人が、家族の入り口に、家族が共同体の入り口に、また、共同体が国の入り口に立っている存在として見ています。私たちの宣教のやり方は、個人を通り越して、意図的にその人の家族、共同体すなわちサイロ、そして、国をも含んでいなければならないと考えています。弟子を育てる運動の、最小単位は、個人ではなく、家族であり、人種のグループや仲間たちで作られる小グループであり、あるいは、地域共同体です。家族が、彼らのサイロを救い、そして、サイロが、国を救います。引き離す福音宣教よりも、弟子を育てる働きに焦点を当てる時、サタンの手の中で遊ばれることではなく、むしろ、サタンの策略に対する勝ち目があるのに気がつきます。そして、人口増加にペースが追いつかない、ましてや国々を救う可能性の少ない単なる個人を引き離す福音宣教モデルのもっと先を見越した戦略をつくることができます。

弟子を育てる人たちの働きは、すべての失われた人を探し求めることです。私たちは、一人や数十人あるいは一〇〇〇人を見いだしてそこで止めるべきではありません。なすべき働きは何かを見失ってしまうことで、人が救われることを妨げる原因を作ったり、助長したりするような戦略を立てるべきではありません。家族を崩壊させ、あるは、将来的にキリストとの関わりが起こる可能性から共同体を遠ざけてしまう戦略に貢献すべきではあ

りません。私たちの働きは、失われた人を見つけ出し、最後の一人まで、失われた人を救うことです。私たちは、一〇〇%は成功しないでしょう、でも、失われた人たちを導くことを妨げたり、失われた人たちのために死んでくださったお方によって彼らが救われることを妨げることは、何一つすべきではありません。私たちは、キリストのために、キリストを通して共同体を贖う事業に参加しているのです。ある特殊なキリスト教文化や教団や教会のために幾人かを救う事業に参加しているのではありません。

弟子を育てる運動に携わる人たちは、与えられた場所で、それぞれのサイロに福音を撒くことに集中します。個人伝道の技術を専門的に深めると言うことよりは、むしろ、サイロにいる家族たちや仲間の小グループに属する人たちを、共に神の言葉を読んで神を発見するディスカバリー・グループに招き、導いていくことに集中して働きます。ディスカバリー・グループは、属するメンバーが弟子を育てること、自分が主に忠実であること、主の働きとリーダーの育成に努めることを促します。結果として、ディスカバリー・グループは、サイロの中で広がります。同時に、しばしば、同じ人が複数のサイロに属しますので、サイロとサイロの壁を飛び越えて他のサイロに広がって行きます。弟子を育てる運動に携わる人たちは、「教会」サイロを造るのではありません。発見する過程を促進し、導き、見本となるリーダーと

福音を植え付ける働きは、新しいサイロを造るのではなく、すでに存在している共同体に福音を植え付けて行くことにフォーカスします。

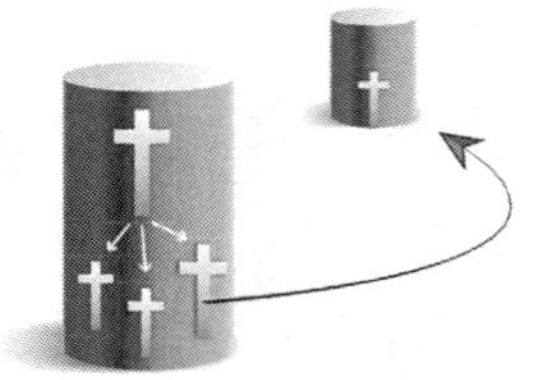

人間関係は、サイロ間で橋渡しされるので、サイロ１のグループがサイロ２のグループを始めることもある。

なりながら、リーダーを育成し、従順に生き、人を助ける奉仕の働きをし、そして、弟子の育成するように励まします。

コルネリオの家族のようにグループ全体が同じ信仰の確信に至ってキリストを神の子と告白し、バプテスマを受ける時、その人たちは、家族として、また、仲間の小ループとしてそのサイロの中で、共に集まり続けます。これらのグループの人たちは、彼らのサイロの中で自分たちは、信じる者の共同体、すなわち教会だという実感を持ってバプテスマの意味を受け止めるのです。もし、その人たちが、他のサイロとの関わりをもっていれば、自分たちが属しているサイロの壁を乗り越えて広がり、新しいサイロでディスカバリー・グループを始めます。彼らは、他の人を「教会に導く」ために一つのサイロから別のサイロに友だちを連れてくる必要はありません。

やがて、最初にできたディスカバリー・グループがサイロの中で増えていきます。その増えたグループのいくつかは、皆そのサイロの中で集まります。

障害

弟子を育てる人たちが、サイロに関わり、弟子を育て、共同体において弟子を育てる運動を広げていくのには、克服しなければならない多くの障害があります。

いつ自分が「成功」していると考えるか

弟子を育てる人たちの多くは、自分たちの聴衆が大きくなり、多くの人々が、彼らの導きに従ってくるとき、自分たちは成功していると感じます。しかし、本当の弟子を育てる運動を広げさせるためには、自分がスポットライトを浴びることをあきらめなければなりません。弟子を育てる人たちが、何でも答えを持っている人にならないで、人々が自分の耳で神の言葉に聞き、聖霊に自分で答えを求めることを教えます。弟子を育てる人たちは、サイロの中で、できるだけ早くリーダーを育て、最初から、このリーダーたちに指揮権を委ねます。サイロのメンバーでない人が弟子を育てる働きを進める場合、自分が直接それぞれのグループに関わったり、グループの中の個々人に関わったりするのではなく、グループの中のリーダーを通して導いていくことで満足すべきです。

弟子を育てる人たちは、何をして自分の働きの成功と見るかその見方を変えます。自分が何人のリーダーを訓練しているか、それらのリーダーたちが、見つけ出して今育てているリーダーが何人いるか、そしてリーダーが育てているリーダーたちが、いくつの部族と関わり、いくつのグループを始め、いくつのグループを増殖させ、いくつのグループが、キリストの元に来て、パプテスマを受けたかが成功の計りとなります。

弟子を育てる人たちは、彼らのグループの中に何人の人が彼らの教えを聞いているか（それがどんなに素晴らしい教えでも）、そして、弟子を育てる運動の増殖を期待しているかでで、その働きは成功しているかどうかを判断することはできません。

支援者の期待

弟子を育てる人のために祈り、彼のために経済的に支え、支援者となっている人たちは、弟子を育てる人たちがどんなことをし、また、弟子を育てる人として成功することを願っています。もし、弟子を育てる人を支える支援者たちが、同じ地域教会のメンバーならば、当初は、彼らが期待するような結果を生み出すものでもないことを教会が理解する必要があります。さらに、弟子を育てる人は、弟子を育てる運動の成長を見る前に、数年は、余り結果を見ずに働くことを覚悟すべきです。ですから、弟子を育てる人たちは、その働きのもたらす結果について支援者の人たちに理解してもらう必要があるのです。

もし、弟子を育てる人たちが、弟子を育てる運動を広げて行きたいと願うならば、非現実的な期待や、誤った期待は、大きな問題となります。弟子を育てる運動のビジョンについて人々に理解してもらいその働きに協力者となってもらうのは決して楽ではありません。また、無駄な努力をしていると思えることも多々あります。しかし、このビジョンを理解し、その働きを支援する人たちと、関係を深めていくことは、長期にわたる働きのためには、極めて重要なことです。

サイロの識別

ある種のサイロは、すぐに識別できます。でも、住んでいるエリヤのすべてのサイロをピンポイントで識別し、それぞれの持つ特徴や、他のサイロとの境界線を理解するのには、時間がかかります。覚えておいていただきたいのは、そのグループで弟子を育てる働きを始めるために、エリヤにあるすべてのサイロがどのように分布しているかすべてを把握する必要はありません。サイロがどのように分布しているかは、弟子を育てる人が、奉仕中にずっと調べ続けることだからです。

最初に通る道

初めて、サイロの中で弟子を育てるには、時間がかかります。また、サイロがどう働くかを理解するのにも、時間がかかります。チームを育て彼らがサイロにどうやって関わるか訓練することにも時間がかかります。でも、悲観しないでください。やり方さえ抑えていけば、結果は見えてきます。私たちは、世界中で、サイロで働き、また、チームを訓練した経験からこのことを知っているのです。

地域に仕える奉仕活動

地域共同体、あるいは、部族に仕えることは、人々に効果的に関わり、効果的に弟子を育てることへの鍵です。福音書を開くと、病気の人を癒し、悪霊を追い出し、死人を生き返らせ、お腹の空いた者たちに食物を与え、未亡人や孤児の世話をし、投獄された人たちを訪問し、神の国は近づいたと説教するようにと、イエスが、弟子たちに命じています。ところが、どういう訳か、過去一〇〇年にわたって私たちは、地域に仕えて奉仕活動をすることと、弟子を育てることを、別のこととして二つに分けてきました。地域に仕える奉仕をしないで、弟子を育てる運動をすると、キリストの命令に従わない歪んだ教会を建てることになります。地域に仕え、弟子を育てないならば、放っておけばやがて死んでしまう原因となる傷の上にバンドエイドを貼るような働きになるだけです。誰かのために新しい仕事を探してあげたり、病気の人を病院に見舞ってあげたりしても、もし、私たちが、その人たちがイエスと個人的に出会うことを助けないならば、彼らはやがて永遠の火で滅ぼされてしまいます。

もし、教会が、人々の必要に応えるべきだと語る聖書のことばに従わないで言い訳ばかり言っていて、サイロに仕える奉仕活動を全くせず、また、弟子を育てることもしなければ、教会は、教会ではないのです。私たちの行動が、私たちの言葉と一致していれば、私たちは言い訳をする必要がありません。私たちが人々に仕えることで、福音を伝える権利を獲得するのです。人々は、私たちが互いに仕え合っているか、あるいは、仕えていないか気がつきます。自分たちの仲間の世話をするか、教会外の人に全く手を差し伸べて助けることがない時に、それは明確です。また、教会の外の人を助けるが、教会のメンバーの必要に応えようとする努力をしない時にも、それは明確になります。

私（デービッド）には、テキサス州の小さな地域で教会の牧師をしている友人がいます。その教会は、地域の消防署や警察署が、必要な機器を購入するのを助けるために喜んで献げます。その結果、教会は、地域の人々と驚くほど素晴らしい関係を持っています。このような奉仕をしていて、この教会は、本当に成長しているだろうかとあなたは疑問をお持ちになるでしょうか。教会が、地域と関わりを持ち、人々の必要に応え、同時に弟子を育てるならば、人々に大きな影響を与えるのです。

最近、アフリカで弟子を育てている人たちとの会合で一人の人が、次のような話しをしてくれました。ある弟子を育てる人が、川から水を汲んでくるのに困難を覚えていたある村の女性たちに一匹のヤギを無償であげたそうです。それまで、村の女性たちは、川で汲んだ水が入った器を自分たちの頭の上に乗せて急な坂を上って村に運んで来ていたので、その一匹のヤギは、本当に大きな助けになりました。助けを受けた婦人たちが「なぜ、そんなことを私たちにしてくれるの」という疑問を持ってその答えを弟子を育てるその人に聞きに行ったのです。そのことで神についての話し合いの場が作られ、一つの家族がイエス・キリストを受け入れ、そして、教会がスタートしたということです。

また、別の友だちが、「もし、私たちが地域のある窓が壊れた家や、雨漏りしている屋根のある家の前を車で通り過ぎる時に、それを直さなければ、私たちはクリスチャンではありません」と話してくれました。また、こうも言いました。「私たちの地域をキリストのためにつくり変えることは、個人や地域の必要に応えることなのです。もし、個人的にそれができるのであれば、そうしましょう。でも、もし、やろうとするプロジェクトが一人の力でできなければ、その必要に応えるために奉仕のグループを作るとよい。このことによって、経済的、時間的な必要を皆で分かち合うことができます。

私の地域に、私の忙しいスケジュールでは、到底助けてあげることができない女性がいました。そこで、この女性を助けるために、他の四家族に加わってもらうように募集をかけました。一緒に奉仕することで、私たちは、彼女の必要に応えることができ、そして、彼女は信仰を持ち、やがて彼女の家族も続いて信仰に入りました。

私は、キリスト教の宣教師が四〇年以上も前に退去させられた国を訪問しましたが、四〇年も経っていたのに、まだ宣教師の滞在は許されていませんでした。宣教師たちが去った時、残されたのは困難に直面している数人の若いリーダーたちだけでした。政府、また、その国の人たちは、キリスト教に非常に強い反発をしていて、これらのリーダーたちの多くは、働きを続けることを諦めていました。しかし、一人の若者が、この国や人々の生き方に変化をもたらせようと自分をささげました。宣教師たちに置き去りにされて自分だけになってから、四〇数年が経ち、その若者が育てたチームは、三〇〇〇以上の教会をつくりました。ほとんどが、地下教会です。

当初、その青年は、宣教師たちに訓練された通りに教会を始めようとしました。しかし、すぐに地域のリーダーたちに拒否され、文化の違いから青年が伝えようとしたキリスト教は受け入れられませんでした。彼は、やり方を考え直すことにしました。人々の必要を見て、自分のできる範囲で、その必要に応え始めたのです。最初は、彼の聖書知識と予算が限られていたので、ほんの少しのことしかできませんでした。しかし、知識が増し、彼の努力によって主を知る人たちが増えるにつれ、彼の能力も高まっていきました。地域が持つより多くの必要に応え始めると、より多くの人々が救われていきました。人の必要に応える奉仕活動によって人間関係づくりができ、それによって彼が霊的な人であるということを分かち合うことが許され、人々がキリストを信じるようになりました。

人々に関わることは、個人や部族の人たちが感じている必要に応えること、すなわち、奉仕活動をすることで始まります。人々に関わることは、私たちが人々の必要に仕えることで人々が私たちの姿を通して実際に福音を目で見、また、耳で聞いて、やがて、イエスを救い主として受け入れる招きに応えるところまで行って初めて完成します。もし、私たちがキリストのためにこの世に福音を届けたいと思うなら、私たちのできる最善を持って、あなたの周りに居る人たちの必要に応えることから始めなければなりません。そして、もし、私たちがキリストのためにこの世に福音を届けたいと願うならば、福音で終らせなければなりません。すなわち、あなたが仕えている方々に、神の国が近づいたこと、福音こそが、永遠に彼らの人生を変える力があると示すことです。このことは、弟子を育てることにおける非常に大切な部分です。

人と関わるということは、まず、私たちが見知らぬ人として、地域の中に入ることです。人と関わる正しいやり方とは、新しいコミュニティーに入るとき、彼らとの壁を作らないことです。開かれた国々において、弟子を育てる人のほとんどは、新しいコミュニティーに入り、自分たちが宗教的な奉仕者、牧師、弟子を育てる人、あるいは、伝道者としての立場を伝えてしまいます。すべてがそうなる訳ではないと思われますが、ほとんどの場合、そうすることで知らず知らずのうちに壁を作ってしまい、地域の人たちの中にいる、福音のメッセージに聞こうとして心を開いている「**平和の子**」を見つける機会を失ってしまいます。

最も良い関わり方は、あなたが導きたいと願っている地域のメンバーの一人に紹介してもらうことです。この人は、同僚、友人、家族、あるいは、だれでも良いのですが、そのコミュニティーの中で評判が良く地域の人たちと深く関わっている人が良いでしょう。その人の地位が高ければ高いほど、コミュニティーが外部から来た人を受け入れやすくなります。反対にコミュニティーの中で評判が良くないメンバーは、ほとんどのコミュニティーに外部から来た人が受け入れられていくための助けとはなりません。

もし、弟子を育てる人をコミュニティーに紹介する人がだれもいない場合、弟子を育てる人たちは、自分たちがその地域に関わっていくのに、人々に受け入れられる方法を見つけなければなりません。このような人と関わるための方法は、ちょっと考えればたくさんあります。ある弟子を育てる人たちがサッカーボールを持って、即席のゲームを始めるために村々に入っていった例もあります。その地域に必要なものを売る巡回のセールスマンとなった人もいます。ある人々は、その地域で、仕事をしたり、農場で働いたりしています。教育、医療、安全な水、農業訓練などの必要に応えることも成功しています。地域の経済を向上させるビジネスは、多くの場所で用いられ成功しています。リストは、尽きません。そして多くの場合、これらの機会を得るために、ほとんどお金がかかりません。

ただ、その地域に関わるための新しい行動計画を立てる前に、その地域に耳を傾けることを忘れないでください。関わりを持つための行動計画は、あなたが関わりたいと願っている地域の文化に即したものでなければなりません。しばしば、教会は、新しい地域の失われた人たちに関わるために、自分たちが計画した活動がその地域の人たちにとって意味を持っているかを考えずにたくさんのお金をかけて素晴らしい計画をつくり上げてしまい後で後悔してしまいます。

例えば、関わりを持ちたいと願っているコミュニティーを車で通りかかり、公園にたくさんのお母さんと子どもたちが集まっているのに気がつくとします。その時、「わあ。ここは、人々と会話をするきっかけをつくり、コミュニティーに関わり、**『平和の子』**を見つけるには、最高の場所だ。でも、どうやって彼らが私に話しかけたらいいのだろう」と考えます。いろいろと考えた挙げ句、子どもたちは、子犬とキャンディが好きだとわかります。すると、こう考えるでしょう。「もし、子犬を連れて行って、キャンディを子どもたちにあげれば、みんな私に話しかけてくれるに違いない。」

この考えの問題点に気づいて欲しいです。もし、日中、公園に全く知らない男性が子犬とキャンディを持ってやって来れば、そこにいるお母さんたちは、恐らく、あなたを変質者だと見るでしょう。そうすれば、たとえ、警察を呼ばなかったとしても、まず間違いなくそこからいなくなるでしょう。善意でした関係づくりの行動が公園から人々を一掃してしまうことになるのです。

ここで、やり方を少し変えてみたらどうでしょう。例えば、奥さんと子ども、そして、新しい子犬を一緒に公園に連れて行くとします。そうすればだれもあなたを変な人とは思いません。なぜなら、公園の文化に受け入れられる子どもたちがいるからです。また、文化的にも、奥さんと子どもを連れていることで安全なのです。すぐに、あなたは、その公園にいるほとんどの親や子どもたちとさりげない会話を楽しむことができるでしょう。時間をかけ、何度も会っている内に、そのさりげない会話が、意味のある会話に導かれるかも知れません。意味のある会話が霊的な会話に変えられていき、霊的な会話が、聖書を通してその人たちが神を見いだすための新しい関係に導いていきます。しかし、もし、あなたの誤った行動によって、コミュニティーが、あなたを脅威と感じてしまうならば、これらの会話はあり得ないのです。

コミュニティーに関わるために仕事やビジネスを用いることについて

ある弟子を育てる人が、村に続く道を歩いていました。彼が、何年にも渡り、この地域で生活し、何人もの弟子を育てる中で、このように、壁に囲まれ外との関係を全く絶った村を見たことがありませんでした。自分が入って行こうとするその村は、非常に高い壁で囲まれていたのです。門のところで、二人の門番に止められました。

「この村に入っても良いですか？」

「いいえ。部外者は、この村には、入れません。村に強盗が入り大変な目に会ったので、私たちは、この壁を建てました。この村には、村の住人しか入ることができません。」

この弟子を育てる人は、この村に入ることができないということがわかり、その場はあきらめて立ち去りました。数日して、その村から歩いて三時間ほどのところにある村で、彼は城壁に囲まれた村に入っていく女性を見かけました。

「あなたは、あの壁のある村に住んでますよね。」

「はい。」

「ここで何をしているんですか。」

「この村には、この地域で一番大きな市場があるのです。私は自分の村では手に入らないものをここで手に入れるのです。」

この弟子を育てる人に、あるアイディアが浮かびました。それで、「この村に週何度くらい来られますか。ここに来るとどんなものを買いますか」と聞いてみました。

この女性は、週一度この村に来ると言います。実際、壁のある村のほとんどの女性たちは、この村に定期的にやって来ます。彼女は、この弟子を育てる人に、大体いつも買うもののリストをくれました。少し会話をしてから、別かれました。

それから、この弟子を育てる人は、自転車と荷車を買い、あの女性が市場でいつも買うと言った商品をたくさん買い込み、それらを荷車に乗せるとあの壁のある村に向かいました。彼は門のところで、「この村の外に荷車をおいても良いですか」と門番に聞きました。

門番たちは、顔を見合わせました。しばらく話し合った後、この弟子を育てる人のところに戻って来て、門の外の近くの道で、物を売ってもよいという許可を与えてくれました。

女性たちは、市場への長い旅をするために村を出ようとした時に、この弟子を育てる人と荷車に気がつきました。自分たちが欲しいものをここで買えると分かると大喜びです。ビジネス感覚の鋭いこの弟子を育てる人と荷車が、女性たちが買い物をするために六時間の旅をしなくて済むようにしたのです。

その日、この弟子を育てる人は、荷車の上にあるものをすべて売りつくしました。村の女性たちが喜んで彼の提示する価格で買ってくれましたので、彼は相当な利益を得ました。この弟子を育てる人は、また、荷車を一杯にして、一週間に何度も壁のある村に出かけました。やがて、その人は、皆に知られ、同時に好かれました。

しばらくして、彼は、村の女性たちから、特別な注文を受けることを始めました。ある日、年配の女性が結婚式のために五〇kg《キロ》のお米を注文しました。彼は、中央市場までわざわざ出かけて行き、米を買い、それを配達しました。

年配の女性が、米を見て、門番に言いました。「私は、この米を家まで運べないわ。彼が、家まで持って来てくれても良いでしょう。」

門番たちは、顔を見合わせました。門番たちは、この弟子を育てる人が好きでした。何か月にも渡って、毎週何度か彼らは、この人と合い、話しをし、彼がすべての人を公平に扱うのを見ていたからです。

「もちろんいいですよ」と門番たちは答えました。

この弟子を育てる人は、米を運びました。その日を境に、村の人たちから特別な注文を受けて品物を家まで運びました。村人たちは、彼をお昼ご飯に招待したりしました。ほどなくして、彼は、「**平和の子**」を見つけ、彼の家族と一緒にディスカバリー・グループを始め、この村に教会を開拓したのです。

ある種の仕事や商売は、コミュニティーに関わり、「**平和の子**」を見つけるための素晴らしいツールとなります。実際、収益を目的とした商売や、サービス業は、しばしば、収益を目的としない団体やサービス業よりも効果的です。人々は、商売を理解しますが、収益を目的としない働きを理解しません。前に説明しましたが、サイロと関わるのは、サイロの内部の人たちにとって意味のある方法でやるべきで、外から関わろうとする弟子を育てる人にとって意味のある方法でやるべきではないのです。

私（ポール）は、新しいサイロを見つけたある弟子を育てる人と話しました。彼は、その地域にカフェが一つもなかったので、やる気満々でした。「僕は、カフェを始めて、そのカフェを通してそのコミュニティーの人々と関係を築いていきます。カフェから教会を建て上げます」という彼に色々と質問をしてみました。

「あなたは、カフェを始めた経験がありますか。」訪ねました。

「いいえ。まだ、ありません。」

「友だちで、だれかカフェを始めた人がいますか。」

「はい。」

それで私はこうアドバイスしました。「そのカフェを始める前に、君のその友だちと話して、その地域でカフェを開けるか予備調査をしてもらったらどうだろう。もし、彼が、大丈夫だと言ったら、新しいカフェを一緒に開く相談をすると良いよ。彼が、ビジネスを管理して、君が従業員を訓練して、お客さんたちと関係づくりをさせて、**『平和の子』**を見つけるようにする。君が、時間とお金をたくさん使いすぎて、ビジネスとして最終的には失敗して、人々と関係づくりをするのも失敗することがないためさ。」

彼は、友だちに相談しました。そして、調査の結果、その友だちは、そのコミュニティーでカフェを立ち上げることは到底できないと言う結論をだしました。その弟子を育てる人は、そのサイロに関わるために他の道を探すことにしました。

もし、コミュニティーやサイロに関わるためにビジネスを用いたいとお思いでしたら、そのビジネスが、適正なビジネスであり、地域の人たちにとって必要な品やサービスを提供し、かつ、収益をもたらす可能性があることを確認してからスタートすることです。もし、収益を得るのに問題があったら、そのビジネスをしないでください。ビジネスの経験がなければ、経験のある誰かと共同でやることです。あなたがたった一人で経営をすることになり、仕事の重圧に、圧倒されてしまわないように、そして、神が召されたことを達成できるように、その協力関係が長続きするようにしてください。

デービッドと私は、どうしたら新しいコミュニティーに関われるかを話し合うときに想像力を掻き立てられます。まだまだ、新しいことを習い、想像力豊かな方法で地域に関わっていく余地がたくさんあると思っています。私たち二人で、懐中時計について学び、ラジコンヘリを飛ばし、狩りをし、漁をし、泥だらけで障害物を駆け抜ける競技にも挑戦し、耐久力を競うスポーツに参加し、テコンドーや護身術を学び、ブログをし、ビデオブログをし、災害救助チームを導き、ＬＡＮカフェを始め、ホームレスの人たちに路上でコーヒーとドーナツを配り、緊急医療技士としての免許まで取得しました。これらすべての活動によって、私たちが普通行くような教会には、絶対に来ることのない失われた人たちと関わりを持つことができるようなりました。これらのツールによって、何気ない会話が、意味深い会話に発展し、さらに、霊的な会話に発展するという経験を何度もしました。時には、私たちは、「**平和の子**」を見つけました。時には、全く見つかりませんでした。いずれにしても、私たちは、神が私たちにいて欲しいと願っている場所にいることが分かりました。すなわち、失われた人々に関わりを持ち、主が彼らを救いに導こうとするその場に私たちも主と共にいて、その働きに携わることです。

第十四章　「平和の子」を見つけ出す

ある一人の老人が、村に続く道路の脇に座っていました。彼は、私（デービッド）を見ると、ゆっくりと立ち上がって、私のところにやって来ました。

「やっと会えた！」彼は、大声で言いました。「ついにあなたがここにやって来た。」私は何か言おうとしたけれど、その老人は、さっさと私の腕を取り、村まで私を引っ張って行ったのです。

「この人が、私が言っていた人です。」そう老人は、言いました。「この人こそ私がこの二〇年間会いたいと毎晩夢を見ていた人です。夢は、この人の言うことすべてをしっかり聞きなさいと私に語りました。」

私は、村の人たちに福音を語りました。今では、その村に教会ができています。私が、彼らの生活の中に一歩踏み入れる前に、神が、人々の心に働いておられたのです。この人の話によれば、二〇年も前に、私がこの村に来ると神が語られたということです。面白いことに、二〇年前、私は、エンジニアになろうと勉強していたのです。全く牧師になったり、開拓伝道師になろうという思いも、召命もなかったのです。

もし、まだ準備ができていない人々に福音を無理に伝えようとすることを辞めて、あなたが、神と、神がすでに用意してくださった人々と共に働くならば、弟子を育てて開拓をする働きは、ずっとやり易くなります。

「平和の子」とは、単に良い人でも、良くもてなしてくれる人でも、人懐っこい人でもありません。どの文化の中にも、よい人、よくもてなしてくれる人、人懐っこい人は、たくさんいます。でも、彼らは、**「平和の子」**ではありません。

「平和の子」は、その共同体に初めて福音を受け入れるために神が用意された人です。**「平和の子」**には、二つの大きなカテゴリーがあります。ある人たちは、「生まれつきの**平和の子**」です。別の人たちは、その人たちの家族や共同体の中で「神の直接介入による**平和の子**」となった人たちです。聖書の中にも、両方のタイプの人たちが出てきます。コルネリオとリディアは、「生まれつき**平和の子**」のカテゴリーに当てはまります。ピリピ人の看守や井戸のそばのサマリヤの女は、どちらも、「神の直接介入による**平和の子**」になった人たちの例です。

これらの例において、弟子を育てる人たちは、言うまでもなく、信仰に生き抜いた人たちで、際立って霊的な人々でした。このことは、**「平和の子」**を見つけ出すための秘訣です。私たちが、可能な限り信仰において際立った生き方をするべきです。これは、宗教的に熱心になるということではなく、霊的になることなのです。

神は、宗教者を責められます。イエスが、当時の宗教的なリーダーにどのように関わり、どのように話しかけたか、また、彼らについて、旧約聖書で預言者を通してどう語られたかを見てください。宗教は、聖書によって支持されたものではありませんでした。

それに反して、人が霊的であること、すなわち、神との正しい関わりを持つことや、神との個人的な関係を通して神の被造物に関わることについては、神が、非常に多くのことを私たちに語っています。これは、信仰についてのことであり、結果がどうであれ、すべての状況の中で信仰に生きることなのです。それは、神を愛することであり、人を愛することなのです。また、神に従順であることをいつも考え、いつも従順に生きることなのです。このような生き方は、霊的な事柄に関心を持っている人々を惹きつけ、イエス・キリストが頭《かしら》であり、その体なる信者の共同体を立て上げる働きにドアを開くのです。私たちが、宣教を進め、弟子が作られるためには、無条件で霊的な人生を生き抜かなければなりません。

ですから、現実には、**「平和の子」**を見つけ出すことは、そのような人を捜し出すことに努力すると言うよりは、むしろ私たちがどう生きるかによって見つけ出すことなのです。もし、私たちが、キリストにあって生きているならば、キリストを見つけたいと願う人が、私たちのところにやって来ます。この生き方は、単に良い生き方をすることではありません。神の愛を示し、主への従順な生き方をすることで、失われた人が救われ、主に従順な生き方をするようになり、その人が、イエス・キリストの弟子をたくさん育てていくのです。そして、その結果、自然発生的に弟子を育てることが繰り返し行われ成長し、イエス・キリストの教会をつくり上げていくのです。

「平和の子」を見つけ出すことで、私たちが開拓した教会は爆発的に増えました。弟子を育てるチームは、当初、年間数教会を開拓していましたが、毎年、何十と開拓する教会になっていく姿を私たちは、見てきました。いくつかの例では、一年に何百という教会を開拓していきました。

「平和の子」戦略は、マタイの福音書10章、ルカの福音書9章、そして、ルカの福音書10章に記されているイエスが弟子たちを派遣した時のイエスの教えからつくり出されたものです。次に引用したものが、主が、弟子たちを派遣した時に命じられたことです。

マタイの福音書10章

◆「行って、『天の御国が近づいた』と宣べ伝えなさい。」（7節）
◆「病人を癒やし、死人を生き返らせ、ツァラアトに冒された者をきよめ、悪霊どもを追い出しなさい。」（8節）
◆「あなたがたは、ただで受けたのだから、ただで与えなさい。」（8節）
◆「胴巻に金貨も銀貨も銅貨も入れて行ってはいけません。袋も二枚目の下着も履き物も杖も持たずに、旅に出なさい。働く者が食べ物を得るのは当然だからです。」（9節、10節）
◆「どの町や村に入っても、そこでだれがふさわしい人かをよく調べ、そこを立ち去るまで、その人のところにとどまりなさい。」（11節）
◆「だれかがあなたがたを受け入れず、あなたがたのことばに耳を傾けないなら、その家や町を出て行くときに足のちりを払い落としなさい。」（14節）
◆「いいですか。わたしは狼の中に羊を送り出すようにして、あなたがたを遣わします。ですから、蛇のように賢く、鳩のように素直でありなさい。」（16節）

ルカの福音書9章（マタイの福音書10章に含まれていない追加の命令）

◆「どの家に入っても、そこにとどまり、そこから出かけなさい。」（4節）（これは、ふさわしいと思える人の家にだけ泊まるということとは違います。）

ルカの福音書10章（マタイ10章、ルカ9章に含まれていない追加の命令）

◆「主は別に七十二人を指名して、ご自分が行くつもりのすべての町や場所に、先に二人ずつ遣わされた。」（1節）

◆「収穫は多いが、働き手が少ない。だから、収穫の主に、ご自分の収穫のために働き手を送ってくださるように祈りなさい。」（2節）

◆「さあ、行きなさい。いいですか。わたしがあなたがたを遣わすのは、狼の中に子羊を送り出すようなものです。」（3節）

◆「道でだれにもあいさつしてはいけません。」（4節）

◆「どの家に入っても、まず、『この家に平安があるように』と言いなさい。そこに平安の子がいたら、あなたがたの平安は、その人の上にとどまります。いなければ、その平安はあなたがたに返って来ます。その家にとどまり、出される物を食べたり飲んだりしなさい。働く者が報酬を受けるのは当然だからです。家から家へと渡り歩いてはいけません。」（5〜7節）

◆「そして、その町の病人を癒やし、彼らに『神の国があなたがたの近くに来ている』と言いなさい。」（9節）

「**平和の子**」についての教えは、新しい共同体に働きかけるための入り口となる戦略です。**大宣教命令**で、イエスは、私たちに、「行く」ように命じました。私たちは、行くべき所に着いたら何をしますか。「**平和の子**」を見つけ出します。

これは、伝統的ないわゆる弟子訓練の方法とはかなり違っています。「**平和の子**」戦略においては、弟子を育てる人には、たった一つの働きしかありません。すなわち、「**平和の子**」を見つけ出すことです。この人は、どんな人生を送っているかは問いません。しかし、この人は、男性であっても女性であっても、あなたを喜んで受け入れ、あなたのメッセージに聞く人であり、あなたの生計を助け、福音のために、あなたがその人の家に泊まり、その家族やコミュニティに影響を与えることを許してくれる人です。

弟子を育てる人は、伝統的に「弟子訓練」と呼ばれることがらをいっさいしません。説教したり教えたりしません。トラクトを配ったり、本を売り歩いたり、聖書を無料配布したりしません。また、大伝道集会や癒しの集会もしません。

「**平和の子**」を見つけ出す働きは、まず、自分がキリストに従うことから始まります。そして、主イエス・キリストがどこに私を導こうとしているのかを探します。これは、「**平和の子**」が存在することで証明されます。もし、「**平和の子**」がだれもいないならば、あなたは、次のところに進みます。「**平和の子**」は、祈りと人を助ける奉仕によって見いだすことができます。私たちの経験によれば、この奉仕は、ルカの福音書10章（七十二人の派遣）が書いているように時には奇跡的なものですが、しばしば奉仕の業は、お腹が空いている人たちに食事を配ったり、タイヤがパンクした誰かの修理をするような単純なものです。どちらの場合にも、弟子を育てる人は、その人たちを助けるために喜んで自分をささげます。主は、収穫する人たちを与えてくださるように祈りなさいと語ります。「**平和の子**」が、やがて収穫者になります。私たちは、この人が、自分たちの共同体のための弟子を育てる人になるように整えます。私たちは、蛇のようにさとくあるべきです。その意味する所は、私たちが、サタンの攻撃を予想し、それらを回避しなければならないということです。私たちは、食料品のビジネスをしたり、職人として働いたり、得たサラリーにふさわしい生活をする必要があります。これによって、どうやって私たちが生活しているのかということについての無様な質問を受けるのを避けるのです。また、地域の人たちが働いている時に、私たちも働くことになりますし、人々と出会い、また、その共同体に住むための理由を手に入れます。こうすることで、神の国について語り合うのにふさわしい人間関係を築き上げます。このメッセージに応答する人は、私たちの注意を引くことになりますが、私たちは個人だけでなく、家族にも目を向けます。そして、「**平和の子**」が見つかったら、私たちはもう動き回りません。この家族を主の弟子として育てます。そして、この家族が、この地域にキリストをもたらす責任を取ることになります。

長い祈りの期間を経て、新しい地域に入って行く弟子を育てる訓練をします。弟子を育てる人たちが、共同体に入って行く時、人を助ける奉仕や、教育や、ビジネスを通して、その地域の人々が感じている必要に応える方法を探します。その必要に応えていきながら、弟子を育てる人たちは、人々と出会い、また、神の国について公然と語ります。「**平和の子**」が自分を明らかにするとき、弟子を育てる人は、平和の家族を集中して育てることに専念します。弟子を育てる人は、神がどのような方か、また、彼らがこの神にどのように関わっていくべきなのかを、この家族が自分たち自身で発見するのを手助けするためにディスカバリー・グループ（第十五章を参照）を始めます。弟子を育てる人は、神の言葉をどのように学ぶかを彼らに教えますが、聖書研究を導いたり、説教したり、聖書を教えたりしません。目指すところは、その家族が聖書のことばを通して、神から直接学ぶことなのです。弟子を育てる人は、学びの方向性を導きますが、最初の数回学びのやり方の模範を示す以外は、学びを指導しません。

その家族が、キリストを信じる時、弟子を育てる人は、聖書の学びのグループから教会と移行できるためあらゆる手助けをします。一人のリーダーが立てられ、そのリーダーが、グループをリードし、また、その家族の友人や家族のネットワークを通じてより多くのグループを立ち上げることができるように、訓練します。弟子たちは、弟子たちを生み出します。リーダーは、より多くのリーダーを整えます。グループは、さらに多くのグループを立ち上げ、教会は、さらに教会を立ち上げます。

内部リーダーと外部リーダー

伝統的な弟子訓練においては、外部の人が、小グループを始め、教会を開拓し、しばしば、教会の牧師になります。結果として、外部リーダーが内部リーダーになるのです。このやり方では、急激に成長するのがほぼ不可能になります。リーダーを育てる理由がありません。なぜなら、外部リーダーが、続けてリーダーシップをとっていくからです。弟子を育てる運動が起こるためには、外部リーダーは、外に留まり続け、内部リーダーを訓練し、コーチングし、指導者として彼を育て続ける役割をし、内部リーダーが、自分の関わっている人々に同様なことをするのです。

ですから、外部リーダーの役割は、非常に大切になります。この外部リーダーが、弟子を育てる運動のプロセスを始めます。まず、祈ることから始め、ビジョンを持ち、計画を立てていきます。外部リーダーが、共同体に関わり、地域の人と関係づくりをする目的は、友情を深め、奉仕をし、そして、**「平和の子」**を見つけ出すためです。**「平和の子」**は、外部リーダーに、サイロの中にいる家族、共通の関心を持つグループ、また、共同体にアクセスすることができるようにします。人間関係が深まる中で、外部リーダーは、霊的なことを話し合うトピックを提供し、やがて、それが**ディスカバリー・グループ**に導かれていきます。

ディスカバリー・グループの最初の一か月で、グループの中で生まれ持った霊的なリーダーが明らかになります。外部リーダーは、この内部リーダーを育てることに集中します。内部リーダーがだれだか分かるや否や、グループの指導者は、外部リーダーから、内部リーダーに移行します。外部リーダーは、それから二年ほど、この内部リーダーを教え、コーチングし、指導者として働きます。

内部リーダーが、育っていく中で、外部リーダーは、表舞台から徐々に消えていき、最終的には、いなくなります。外部リーダーは、新しく育っていく教会に直接関わりを持たない指導者の役割をするようになります。リーダーシップは、影響力によって行います。関係を持ち続け、リーダーシップとは何か、あるいはグループとは何かについての話し合いを持ち続けることによって影響を与え続けていきます。この関係とは、お互いの相互説明責任の交わりを通して、霊的なこと、家族のこと、友人のこと、共同体のこと、教会のこと、ビジネスのこと、また、人生の個人的な面に至るまで互いをチェックし合います。

外部リーダーの責任は、次のような項目で要約できます：模範を示す、整える、見る、そして、去る。主の弟子を育てることは、外部リーダーの生き方や性格から始まります。個人的にも、また、公の場でも、外部リーダーは、確信を持ってこう言えなければなりません。「私を見て、私がすることをしなさい。」それから、外部リーダーは、内部リーダーの生活のすべての領域において整えます。「整える」ということは、一人の人を単に技術や知識を学ぶことを助けるのではなく、その人が資質においても成長するように助けることです。この整えるための資料は、聖書だけです。内部リーダーが学ぶ中で、外部リーダーは、内部リーダーが学んだことを実践するためにコーチングをします。この時点で、外部リーダーは、内部リーダーが学んだことを正確に再現しているかを確かめるための「観察」役となり、やがて、立ち去ります。この意味する所は、突然いなくなるというのではなく、弟子を育てる学びが進み、その地域の人たちの間に弟子を再現する働きが進む中で徐々にリーダーとしての役割から自分を引いていきます。初期においては、内部リーダーと外部リーダーは、頻繁に交流します。内部リーダーが成長する中で、この交流が稀になっていきます。

外部リーダーと内部リーダーの関係は、多くの段階を踏んでいきます。すなわち、教師対学び手、訓練者対訓練生、コーチ対選手、メンター（指導する人）対メンティ（指導を受ける人）、生涯の友だち同士など。これらの段階は、流動的ですが、ある程度は、やるべき課題、イベントや役割によって順序立てられます。外部リーダーが、地域の内部リーダーのやり方、習慣、家族、働きなどについて知ろうとする時に、時には、内部リーダーが、教師、理解者、訓練者、コーチ、そして指導者の役割をします。このように、相互の深い関係が築かれるのです。

外部リーダーは、自分が内部リーダーに教えたことを、彼がいかに早く、また、いかに頻繁に次の人たちに伝えていくかによって、その働きは、うまく進んでいるかどうかを判断します。最終的には、内部リーダーが、外部リーダーになって、他の人たちを助けるようになることがその働きの成功とみなすことができます。

傷つけられても、愛することを選ぶ

私（ポール）は、かつて興味深いサイロをネットで見つけたことがあります。ある女性が、私が語る自分の家族についての話が面白いということで、ツイッターで私をフォローしていました。彼女のブログを読むと、彼女は、魔女であり、ポルノ・スターやストリッパーや、他にもオカルトに関わるコミュニティに属していたことに気がつきました。ブログでは、汚いことばが使われ、彼女の投稿の内容すべてが他の人たちを非常に傷つけるものでした。

ある人々は、失われた人たちと関わりを持とうとする人は、あえて「腹を立てないようにするべきだ」と言います。その意味することは理解しますが、時に、その行動や言動は、実際本当に腹立たしいものです。彼らは、神を侮辱し、私たちを侮辱します。ですから、腹を立てないようにするということは、本当に難しいのです。では、そのような人々をどうすればいいのでしょう。イエスは、私たちが、そのような人たちにどのように対応すべきだと願っておられるのでしょう。

ある日、私が祈っていると、神は、イエスは、聖くない人々と一緒に同じ部屋にいることについて寛容だったと教えてくださいました。主イエスは、彼らと食事をし、話をし、そして、彼らと一緒に礼拝をしました。

もし、私たちが、イエスと神が一つであり、同じだと本当に信じるならば、神が罪について考えておられるのと同じように、イエスも感じておられると信じなければなりません。神の立場は、明快です。罪を憎まれます。その存在すら許容できません。罪は、死をもたらし、罪のある人は、神の顔を見ることができないばかりか、神の前で、生きることさえできません。

イエスは、すべて聖なるものの総合体であり、非常に素晴らしいお方です。それにも関わらず、主は、遊女や収税人と一緒に食事をしました。宗教的な偽善者であり自分を全く正しいと信じてやまないパリサイ人と、一緒にテーブルにつきました。主は、主を裏切ったユダを愛しました。主は、主を知らないと否定したペテロを回復させました。主は、当時、ユダヤ人の男性には禁じられていたにも関わらず、サマリヤの女の器から水を飲みました。主は、ご自身が捕えられ、叩かれ、十字架につけられることをお許しになりました。そして、イエスは、一〇〇%神であられますが、聖なる火で一人も焼き尽くすことはなさらなかったのです。

これらの人々がイエスを腹立たせたとしても、主は、腹を立てる権利を放棄することを選択しました。この人たちを愛しておられたからです。愛によって主は、腹を立てる権利を放棄されました。それによって罪人がイエスというお方を知り、経験することができるためでした。

愛こそが、人からの攻撃に対して私たちの反抗するのを今も留めようとされる理由なのです。主は、私たちが主というお方を知り、同じ経験をして欲しいと今も願っています。

もし、あなたが、キリストを信じていない人々と働くことを選択するならば、あなたは、色々なことで腹を立てるでしょう。もし、失われた人々と一緒に歩むことを選択するならば、あなたの血が頭に上るようなことを見たり、聞いたり、また、読んだりすることでしょう。でも、もし、彼らが、キリストの愛を経験して欲しいほんの少しでもあなたが願うならば、腹を立てることよりも、その人々を愛さなければなりません。

私たちは、キリストの道ではなく、自分の道を選び取るたびに、キリストを傷つけています。すなわち、私たちは、毎日キリストを侮辱しているのです。神の愛だけが、私たちを破壊から救っているのです。

ですから、私たちも、侮辱され、傷つけられることを良しとします。私たちが、人々を心から愛することを選び取ることで、私たちの受けた侮辱や傷は消えていきます。そして、彼らに対する私たちの愛や、彼らがイエスとの愛の関係に入って欲しいという願いの方が、侮辱や傷よりも強くなっていきます。

ステーキのハウスで「平和の子」を見つけ出す

私の友人が、食事の支払いを済ませようと、レジに向かって行きました。ステーキ屋の若い店員は、お金を受け取ると、その友人に向かって唐突な質問をしました。「もし、一生懸命祈ったら、私の家族は天国に行けると思いますか。」ちょっと後ずさりして、友人は、返答に困りました。オハイオ州の人々は、普通このような会話をしません、特に、全く初めて出会った人とは。友人は、この若者が、「**平和の子**」かもしれないと思ったのです。彼は、「拡大して成長する弟子を育てる働き」の訓練を受けてから2年間、他の人を弟子として、祈りの人として育てる弟子になろうと一生懸命歩んできていました。

「君、聖書持ってる。」友人は、聞きました。

店員は、ことばにつまりましたが、「は、はい。持っています」と言いました。

「家に帰ったら、聖書を出して、ルカの福音書18章1～8節（不正な裁判官とひとりのやもめのたとえ話）を開いて。数日したら、僕は戻ってくるから、その時に神が君の質問にどう答えたか教えてくれるかい。」

若い店員は、同意しました。友人は、ステーキ屋にまた行きました。そこには、あの若い店員がました。

「聖書を開くチャンスはあったかい。」

「はい。開きました。」

「それで神は、君になんて言ったのかい。」

「もし、一生懸命祈ったら、私の家族は天国に行けると」と言うなり、彼はうなだれこう言いました。

「でも、裁判官の前に立つまでわかりませんよね。」

私の友人は、彼に顔を近づけて聞きました。

「君と君の家族が天のみ国に必ず入れる方法を知りたいとは思わないかい。」

若者の顔は輝き、

「あなたは、教えてくれるのですか。」

「もちろんだよ。こうしたらどうだろう。君の仕事の休息時間に、僕のテーブルに来るんだ。そうしたら、君がどうしたらいいか教えてあげるよ。」

しばらくしてから、その若者は、友人のテーブルに来ました。友人は、ディスカバリー・スタディの創世記1章1節～2章3節のところから彼を導きました。（次の章で、ディスカバリー・グループとディスカバリー・スタディについて取り上げます。）友人は、その若者に、家に帰って、家族を集め、今一緒にした学びを彼らとするように、そして、次の週、またステーキ屋に戻って来るから、どうなったか教えてくれるようにと話したのです。

次の週、友人は、そのお店に再び行きました。その若者が休息時間になって友人のテーブルにやって来るのを待ちました。

「どうだった。」

「すごい。信じられないことだよ。こんなの今までうちの家族とやったことがなかったよ。」

若者は、顔を近づけて、「このディスカバリーなんとかというやつを友だちともやっても構わない？」と聞きました。

私の友人の経験は、今まで説明してきた重要なレッスンの実例を示しています。

「平和の子」を魅了するような人になるには時間がかかる

友人は、「拡大して成長する弟子を育てる働き」の訓練を受けてから二年経ってから、あのステーキ屋であの若者に出会いました。この間、友人は、受け身でただ待っていたわけではありません。彼は、際立って霊的な人になるために一生懸命自分を訓練してきました。すでに、教会の牧師であり、彼が奉仕している会衆と「拡大して成長する弟子を育てる働き」の原則を適用していました。数人の友人を集め定期的に祈り、祈りのカレンダーを用いていたのです。

「平和の子」を見つけ出すには、神の働きが必要だ

私の友人が、弟子となり、弟子を育てる人となることにおいて成長する中で、神が、彼をそのご計画の中に加えて、地域にいる失われた人々に働きかけさせてくださいました。神は、ご聖霊を通し、その若者が神の言葉を聞く備えをしてくださいました。神は、私の友人に働いて、彼がステーキ屋にちょうどよい時に来るように導いてくださったのです。神は、この若者が勇気を持って質問をするように導き、また、友人にふさわしい答えをするように導かれました。神こそが、世界に救いを届ける働きの中心におられます。私たちは、主に聞き、そのお働きに自分を合わせなければなりません。

潜在的に「平和の子」と思われる人が、的確かどうか見定める必要がある

また、別の友人で、宣教師を長く続けているジムは、「**平和の子**」は、三つの主要な性格を持っていると私に語ってくれました。まず、あなたと関係を持つことにオープン（Open）である。また、人生の深い質問に対する霊的な答えに飢えている（Hunger）。そして、自分たちが学んだことを他の人と分かち合う（Share）。ジムは、三つの単語のイニシャルをとって、ＯＨＳと呼び、これらの性格を覚えやすくしています。

ステーキ屋の若者は、明らかにオープンでした。彼が、私の友人に話しかけたのです。彼の質問と、彼が実際に示された聖書の箇所を開いて読んだということからも、彼は、自分が持っている人生の疑問に対する霊的な答えに飢え渇いていることがわかります。そして、彼は、自分の家族と分かち合い、また、友人と分かち合うことも喜んでやろうと思ったのです。

すべての人なつっこい人が、**「平和の子」**だと思わないでください。むしろ、私の友人が、ステーキ屋でしたように、私たちが、もしかしたら**「平和の子」**かもしれないと感じる人たちが、このような性格を持ち合わせているか、見極めて見てください。

すべてのグループをあなたが手助けするべきではない

私の友人は、あの若者との最初の出会いの時から彼が他の人を導く手助けをしました。その若者は、すぐに行って、家族との会合で友人から学んだことを再現しました。友人は、その若者の家族に一度も会ったことがありません。しかし、友人がその若者にたくさん質問することで、学びがどのように進んだのか、どのような質問が家族から出たのか分かったのです。最初の出会いの時から私の友人は、その若者をそのグループのリーダーとして育てました。

ポケモン・クラブで「平和の子」を見つけ出す

近所にある大型モールに車で近づくにつれて、色々な考えが私の頭の中を駆け巡っていました。どうすれば、自分は、子どもたちともっと上手く関われるだろうか。地域に関わって「**平和の子**」を探すために何ができるだろうか。子どもたちは、友だちの家でのお泊まり会に誘われている。どうすれば、彼らの親御さんたちと知り合いになれるだろうか。息子は、ポケモンで遊び過ぎて私を悩ましている。今晩は一緒に遊びたい。

突然、これらの思いが、一つのアイディアとして繋がったのです。そうだ。ポケモン・クラブを作ろう。そうすれば、一夜にして僕は自分の子どもたちのヒーローになる。子どもたちの友だちの多くは、ポケモン・ゲームで遊んでいたので、きっとその子どもたちや親御さんたちとも出会えるはずだ。子どもたちがゲームを遊んでいる間、親たちは、一緒に来て話すことができる。この出会いの中から、「**平和の子**」を見つけ出すことができるかもしれない。ポケモン・クラブは、すごくカッコいい出会いの場を作る活動に思えたのです。

でも、どこでその会合を持とうか。我が家をそのために使うわけにはいきません。そんなことをしたら、私は家内に殺されます。いつも私はあちこちに出張します。私が、家内の首に縄をくくり付けて、私の海外に出張中に、そのグループの面倒を見続けさせることはできません。

でも、モールに入った時に、謎が全部解けました。このお店のフードコートには、テーブルがいくつかある大きなスペースがあり、ここで集まる家族は、スターバックスやピザハットで食べ物や飲み物を買って来てそこに座って食べることができます。このスペースには、二十ほどのテーブルがあり、席が一杯になることは、めったにありません。実際、土曜日夜六時になると、すべてのテーブルは空っぽになります。私たちは、ここで会合を持つことができるかも知れません。両親が、コーヒーやピザを買えば、モール側は、私たちがその場所を使うことに問題を感じないでしょう。さらに、付け加えると、そのモールでは、ポケモン・カードが売られています。子どもたちが、ポケモン・カードをそこで買って、交換することだってできます。最高です。

家に帰ると、家内に私のアイディアを説明しました。家内は、とってもよいアイディアだと言ってくれました。子どもたちに話すと、子どもたちは、興奮し大騒ぎになりました。私たちは、早速次の週末に最初の会合を計画し、子どもたちに友だちを連れて来るように言いました。

最初の会合は、大成功でした。子どもたちが何人か両親と一緒にやってきたのです。みんなとても楽しい時間を持ち、私はと言えば、ご両親たちと素晴らしい会話をすることができました。放課後、子どもたちが家で話してくれた学校の様子に出てくる名前が、会合に来た子どもたちの顔とつながるのは嬉しいことでした。

それから、何週間にも渡って、ポケモン・クラブは、大きくなっていきました。テコンドークラブの知り合いの上級生たちも数人加わり、カードを交換して遊びました。その子たちも、友だちを誘い、クラブは益々大きくなっていきました。彼らは、私が、出張中でも集っていました。

ある週、一人のお父さんととても良い会話をすることができました。彼の子どもは、十三歳で、辛い週を経験したばかりで、このお父さんは、私にその辛さを話してくれたのです。

「親になるって最近は、楽じゃない。もし、神様が私に知恵を与えてくださらなかったらどうしたらいいのか分からない」と私は答えました。

彼は、一瞬だまったけれど、また、会話が続きました。ポケモン・クラブは、素晴らしい雰囲気をかもし出してくれたので、私は、楽しみながら、親たちと普通の会話をしました。ただ、残念だったのは、その会話が意味のある会話に発展し、意味のある会話が、霊的な会話に発展し、そして、「**平和の子**」を見つけ出すチャンスを与え、その人たちをディスカバリー・スタディに招くことにはなりませんでした。私は、クリスチャンが良く着るような、メッセージ入りのティーシャツを着ませんでした。ただ、私は、適当と思われる時を待って、自分が霊的な人であることを示し、相手が驚異に思わない程度に霊的な会話をしていたにすぎません。先ほどのお父さんと、その十代の息子の場合、普通の会話が、実際に意味のある会話につながっていきました。そして、適切だと思った時に、私は、親となることの大変さがあるけれど、神が私に知恵を与えて親としての役割を果たせてくださるというコメントを会話の中に投げ入れたのです。そのコメントは、相手を攻撃するものではありませんでした。その文脈では、私のしたコメントは、ありふれたものでもありませんでした。お父さんは、私の話しを聞いて、そして、そのまま会話を続ける決心をしました。私が思うに、彼は、私のことばに傷ついた様子ではありませんでした。会話は、ごく自然に続けられました。彼が、「**平和の子**」だったなら、その会話をもっと霊的な会話にするチャンスとして用いたことでしょう。その時に、霊的な会話をしなくても、「**平和の子**」であったならば、そのような会話をしたはずです。でも、彼は、結局そのような会話をしませんでした。それで、彼は、「**平和の子**」ではないと分かりましたので、私は、他の人たちに働きかけることにしました。

その後、私は、そのお父さんを何回か会合で見ました。いつもとても良い会話をしましたが、霊的なトピックに流れていくことはありませんでした。私が言ったように、彼は、「**平和の子**」ではなかったのです。

あなたの足の塵をはらい落とす

「**平和の子**」を見つけ出すことは、わくわくすることですが、決して楽な働きではありません。私たちが訓練する人たちの多くは、「**平和の子**」を見つけ出し、ディスカバリー・グループを始めるという話しをすると、やる気満々になります。しかし、「**平和の子**」を見つけ出すことができないまま去らなければならなかったことについては、だれも話したくないものです。それでも、ルカの福音書10章10～12節は、こう語っています。「しかし、どの町であれ、人々があなたがたを受け入れないなら、大通りに出て言いなさい。『私たちは、足に付いたこの町のちりさえ、おまえたちに払い落として行く。しかし、神の国が近づいたことは知っておきなさい。』あなたがたに言います。その日には、ソドムのほうが、その町よりもさばきに耐えやすいのです。」忘れないでください。サタンは、イエスを求める準備のできていない、あるいは、そのようなことに抵抗するような人々と関わることに、私たちがすべての時間を使うように願っているのです。もし、私たちがそのような人たちから去っていかなければ、他の家族、グループ、共同体あるいはサイロで待ち続けている「**平和の子**」を探し出すことができないかも知れません。

弟子を育てている一人の友人が、彼が訓練したあるエンジニアについて話してくれました。その若者は、大学を卒業し、高収入な仕事に就きました。この仕事を通して、新しい共同体に関わり、「**平和の子**」を見つけ出すことができると、彼はそう思っていました。

かなり長い間そこで働いた後、その若い技術者は、そこでは「**平和の子**」を見つけることができないと分かりました。それで、彼は、もっと給料が安いところに転職することにしたのです。彼が、自分の職場の部屋を片付けていると、彼の同僚たちがやってきました。彼らは、何が悪かったのか知りたかったのです。同僚たちにとっては、その仕事が嫌か、一緒に働く同僚たちが嫌でない限り、仕事を辞めるということは想像することすらできなかったからです。その若いエンジニアは、仕事は素晴らしく、また、同僚たちもとても素晴らしいと言って彼らを安心させました。

「では、なぜ、この職場を辞めるのですか。」同僚たちは、その理由が知りたくて、質問しました。

「僕が、この仕事についたのは、霊的な事柄に興味を持っている人を探すためだったのです。僕は、自分の人生の目的が、他の人々が神様を自分たちで見いだすのを助けることだと思っているんだ。」

「どういう意味ですか。」彼らは聞きました。

その若い技術者は、詳しく説明しました。すると、同僚の何人かは、神を求めたいという表明をしたのです。その若い技術者は、新しい仕事に就きましたが、同時に、前の職場に定期的に戻って新しいディスカバリー・グループを育てました。

主の弟子を育てる者たちは、神が働いているところで自分も共に働くのです。「**平和の子**」が存在しているということが、神がその人にその地域に深く関わって欲しいと願っていること、そして収穫は間近だということを知るようにしてくださっているのです。私たちは、神とパートナーを組んで収穫をもたらします。もし、収穫の準備できていなければ、私たちは、早く収穫しようする必要がないのです。むしろ、別の畑、別の共同体に移っていき、そこで、「**平和の子**」を探します。

私たちは、ある共同体を後にして離れていくかも知れませんが、彼らを忘れません。私たちが、そこを離れる前に、その共同体に祈りのチームを送ります。彼らは、その町の通りを、主が人々の心に働いてくださるようにと祈りながら歩きます。その人たちは、神が、「**平和の子**」を生み出してくださるように求めるのです。また、いつこの共同体に戻ったらいいのか、主が知恵を与えてくださるように求めます。半年か一年後、そのエリアに「**平和の子**」を探すため、人々との関係づくりのために、再び弟子を育てるチームを送り込みます。多くの場合、多くの祈りが積まれた後、二回目にその共同体に関わる時、「**平和の子**」を見つけ出します。

第十五章　ディスカバリー・グループ

講師が、スクリーンにある絵を映し出します。

「皆さん、この絵を見てください」と彼は言います。そして、数秒後、その絵をスクリーンから消します。そして、聞きます。「では、今の絵は、何を描いたものか言ってください。」

聴衆は、思いつくまま、その絵について語ります。講師は、同じ意見が繰り返されるまで待ちます。

最後に、もう一度その絵をスクリーンに映して、聞きます。「皆さんは、この絵を細部まで覚えていることができましたか。」

聴衆は、皆一斉に、「いいえ」と言います。

「でも、皆さんの協力で、この絵の細かいところまで思い出すことができました。さらに、皆さんが記憶していたことをお互いに聞き合ったので、それぞれが気づかなかったところも思い出すことができたはずです。」

講師は、聴衆を見渡してから続けます。「グループでの記憶は、グループメンバー一人ひとりの記憶よりも素晴らしいです。そして、グループのメンバーが、それぞれが覚えていることを話し合う時、全体で話し合ったことが、そのグループの個々人の記憶に留まるのです。このグループで学び、進めていくことがこの運動の土台だと言う理由の一つなのです。」

グループが、なぜ、そんなにもパワフルなのか、そのいくつかの理由：

グループでの学びは、個人で学ぶよりももっと記憶に残る

このような絵の例でもおわかりのように、グループで学ぶ方が、個人で学ぶよりも、より多くのことを記憶し、また、より正確に記憶します。グループが、全体で物事を思い出そうとする時、グループ全体の記憶が、そのグループメンバー一人ひとりの記憶になります。

グループによって、個人で学ぶよりも早く学べる

グループで学ぶ時には、同じ事実や同じ原則が繰り返されることを避けるように求められます。前にも述べたように、グループの一人ひとりが一緒に思い出そうとすることによって、グループが個々人の持っている記憶を思い起こさせるのです。結果として、グループでの学びは、個人の学びよりも、はるかに学ぶスピードが早いのです。

グループによって、個人よりも早く宣教が拡大する

グループで学ぶ方が、より多くのことを覚え、また、より早く学ぶので、グループメンバーの一人ひとりは、自分が学んだことを他の人に伝えることができるようになります。グループの学びの過程でそれぞれが弟子として訓練されるので、彼らは、自然に同じやり方で、新しいグループ（自分たちのサイロや近隣のサイロ内のグループ）を育てていけます。

グループによって、個人よりもより早く新しいグループをつくり成長する

適切に指導されたグループのメン

バーたちは、新しいグループを作って成長を始めるポイントに早く到達するので、より早く成長し始めます。その人たちは、自分たちのサイロ内のグループや近隣のサイロに自分たちが知っていることをどんどんと伝えていくので、元のグループメンバーたちは、それぞれが、他のグループの中で、成長します。結果として、個人に焦点を充てて弟子を育てるよりも、グループメンバーたちはより多くの人を弟子として育てることが可能になります。

グループは、悪いリーダーシップや異端に強い　もし、聖書と聖霊の権威が、グループのＤＮＡとなっているならば、あるいは、グループで学ぶ弟子を育てる過程の一部となっていれば、グループは、悪いリーダーの導き方から自分たちを保護することができます。もし、リーダーたちが、聖書の言葉に反することを語ったり、非聖書的な方針ややり方を実行しようとすると、グループは、簡単にそれを阻止できます。結果的に、悪いリーダーの影響は、少なくなり、悪いリーダーは取り除かれ、また、異端の侵入を避けることができます。

グループは、自分たちで修正する　良く訓練されたグループは、悪いリーダーや異端から守ることができる理由がこれです。グループ・メンバーは、彼らが読む聖書を理解していて、もし、その聖書箇所から明らかにできない釈義や適用をしようとするときに、互いに誤りを正すことができるのです。

グループは、お互いに相互説明責任の関係をしっかりと保つ　もし、すでにでき上がったサイロやグループの中に、福音を植え付けるならば、グループ・メンバーたちは、互いをよく見ているので、お互いに相互説明責任を果たせます。もし、グループのメンバーが、みことばに背いた場合、グループ全体がその人の不従順な生き方にすぐに気がつきます。適切な弟子としての訓練がなされているグループは、この不従順に対処し、不従順なメンバーの悔い改めと回復を助けます。

弟子を育てるグループ

サイロの中にすでにグループが存在している場合、グループでなされる弟子を育てる過程を遅らせたり、時には、止めてしまう多くの文化的な障害を減らすことができます。家族は、既存の権威構造を持っています。仲間の小グループには、すでにリーダーたちや、支持者たちを持っています。とはいえ、グループは、弟子として成長するための訓練を受ける必要があります。つまり、一緒に聖書を学ぶ方法、神がみことばを通して何を語っているか知る方法、みことばに従って生活を変える方法、友人や家族に聖書の言葉を分かち合う方法などを教わる必要があります。

すでにあるグループを活用する

異なるサイロの人々で構成されるグループを始めるよりも、サイロの中にすでに存在するグループに関わることの利点については、すでにお話ししました。

DNAを早期に確立する

グループは、三、四回目の会合までに、会合の習慣やDNAを非常に早く確立していきます。一度確立された会合のパターンを変えることは困難です。そのため、最初の打ち合せで、グループDNAを確立する必要があります。

グループDNAを活動で確立する

グループDNAについて言葉で教えることはできません。むしろ、グループのメンバーが、実際にしたり、考えたりするように導くことは、習慣を身につけることにつながります。このような習慣が、DNAとなります。良いDNAを、説明ではなく、行動によってつくり上げると、グループは、サイロの中あるいは、重なっているサイロの中で、自然に増え続けていきます。このことについては、「グループのプロセス」のところでより詳しく学びます。

グループDNAを繰り返して確立する

グループDNAは、行動の産物で、いかに繰り返して行われるかによって確立されます。一度や二度行っただけで、それが、グループDNAになっていくことは期待できません。

増え続けるグループを作るために必要なDNAとは？

ある宣教師が、私たちの訓練会に何回か参加し、ホンジュラスでそれを実行しようと懸命に働きました。一年間努力した後、その宣教師は、弟子を育てる運動の方法は、そこでは機能しないと結論づけようとしていました。そこで、私たちは、ホンジュラス人である彼のチームと一週間すごしたとき、宣教師がディスカバリー・グループの会合をその国の文化に適応させていたことに気がつきました。結果として、彼によって始められたグループは、増え続けていくために重要なグループDNAの要素を外してしまったことに私たちは気がついたのです。

その宣教師のチームの何人かはやり方を変えるのに反対でした。それで、彼のチームのうち、六人を除くすべてのメンバーを失いました。また、その宣教師に、チームメンバーが一人で村に出かけるのではなく、二人一組で活動する必要があることを私たちは伝えました。その結果、元々、十四人が十四か所回っていたかわりに、この宣教師は、二人のチームを三つ持つだけとなりました。その宣教師は、私たちの考え方がおかしいと思ったようでしたが、その宣教師と残されたチームメンバーは、私たちが勧めたやり方に徹底的に取り組みました。

私たちの訪問の一年後には、チームメンバーは、三百のディスカバリー・グループを立ち上げました。その多くは、三世代のグループです。すなわち、最初のチームがスタートさせたグループがさらに成長してまた次のグループをスタートさせたということです。

ですから、初代のグループが、増え続けていくためにどうしても欠かせないDNAがあります。その要素について一つひとつ見ていきましょう。

祈り

ムーブメントに「祈り」が欠かせないように、グループにも「祈り」は欠かせない要素です。最初の会合から、会の進行の中に祈りを入れます。しかし、失われた人たちに頭を垂れて、祈れとは言いません。祈りは何かということも説明しませんし、これが、グループＤＮＡの重要な部分であるという講義もしません。その代わりに、「今日、感謝なことはなんですか」というシンプルな質問をし、それを、グループ全員で共有し合います。その後、彼らがキリストに従う決心をしてから、私たちは言います。「私たちが毎回、会合を始める時に、『今日、感謝できることは何ですか。』という質問をしたのを覚えていますか。今、キリストに従うものとして、私たちは同じように神と話しをします。私たちが感謝できることを神様に話しましょう」と言います。

とりなし

すべてのとりなしは、祈りです。でも、すべての祈りは、とりなしではありません。私たちは、とりなしと祈りを分けて考えるのです。とりなしとは、個人的な問題や悩みを互いに共有することです。「今週、あなたにとってどんなことでストレスを感じていますか」という簡単な質問で、ＤＮＡの要素を救われていない人たちのグループに導入します。ここでも、一人ひとりが発言し、自分の経験を分かち合います。やがて、このグループが、洗礼を受けた信者のグループになった後に、私たちはこう言います。「前に、自分たちの大きな悩みを毎回分かち合ったように、今は、そのことを神様にお伝えすることができます。さあ、今そのことをしましょう。」

ミニストリー

ミニストリーの定義とは、「救われていない者の祈りや、救われた者の祈りに神が主の民を用いて答えてくださる」ことです。救われていようがいまいが、自分たちの必要を分かち合う時に、グループとしてなにか貢献したいという願いが起こってきます。グループの持つ必要を引き出すには、ちょっとした後押しが必要です。「みなさんに、大きな悩みについて分かち合っていただきましたが、今週、お互いのために助け合えることがありますか。」そして、さらに付け加えて、「みなさんの地域で、誰か私たちの助けが必要な人がいますか。」こうして、このタイプのＤＮＡも最初からグループの中に埋め込むことで、後に、彼らがクリスチャンになった時に、そのグループの地域をつくり変えるために新たな動機付けをする必要がありません。

宣教とその拡大

まだ主を信じていない方々が伝道できることを知っていましたか。もし、あなたがそのやり方を簡単なものにすれば、彼らは、それができます。伝道の核心は、福音を誰かにお分かちすることです。救われていない方々は、福音の全体を知っている訳ではありません。それで全く問題ありません。ただ、今聞いた話しをグループ以外の人に伝えて欲しいのです。「誰か、あなたの知っている人の中で、今週この物語を聞いたら良いと思う人はいませんか」という簡単な質問で、皆に考えてもらいます。その知り合いが興味を持ったら、既存のグループに入れるのではなく、最初に福音に触れた人に、その人、その友人、その家族と一緒に、新しいグループを立ち上げてもらいます。そうすることで、その最初に福音に触れた人は、元のグループで学びを経験し、その後、友人と始めたグループで、同じ学びを再現することができます。

ある弟子を育てる人が、彼のチームにいる若い大学生の話しをしてくれました。この学生は、小さなホワイトボードを自分のリュックに入れて持ち歩いています。どこか公の場で、座って勉強するときは、このボードをとり出し、そのボードのために祈り、何でも、神がこの青年に書くように語ったと思われることを書きます。そして、彼が勉強している間、リュックの横に置いて人に見えるようにしておきます。

ある日のこと、その青年は、「あなたは、偶然ではありません」と書きました。ある人は、「偶然ではないってどういう意味。私は、予定外の妊娠で生まれたんですよ。」あるカップルは、「ありがとう。今日そのことばを聞きたかったんです」と言いました。その青年は、しばらく、そのカップルと話をしました。それから、次のようなことを言いました。「あなた方は、とっても良い質問をする方たちですね。あなた方の疑問に聖書の中の物語が答えています。どうでしょう。今晩あなたの学生寮で一緒に読んでみませんか。同じような疑問を持っている友人がいたら誘ったらどうでしょう。」

その晩、その青年は、学生たちとその友だちを集めて、ディスカバリー・グループを開きました。翌週、二回目の会合で、学生の友人の一人が、その青年に聞きました。「このグループに私の友人を招いてもよろしいでしょうか。」

青年は、答えました。「こうしましょう。このようなグループをあなたの友人と、彼らの友人と一緒に始めるお手伝いをしますよ。」

その青年は、その学生が、自分のグループをスタートするのを指導しました。数週間の間に、その青年は、他にも三つのグループをスタートさせました。その三つのグループは、最初にできたグループのメンバーが洗礼を受ける前にすでに始まっていたのです。

あなたは、これを聞いてそんなバカなと思うでしょう。私たちの言うことにもう少し辛抱して聞いてください。あなたが今お持ちの疑問は、読み進むうちに答えが出ます。

従うこと

従順さが、弟子を育てる運動を進める上できわめて重要な要素だということは、前にもお話ししました。従順さは、小グループのレベルであってもまた、救われていない人たちのグループであっても、存在しなければなりません。私たちは、救われていない人々のグループに向かって、「あなたは、この命令に絶対に従うべきです」と言うことはありません。その代わりに、「もし、この聖書の言葉が神からのものだと信じるならば、あなたの生活の中で何を変えなければいけないですか」と聞くのです。この人たちは、まだ、神を信じてすらいないのですから、「もし」ということばを使っても、全く問題ありません。

彼らが、キリストに従う決心をした時に、質問を変えます。「皆さんは、このことが神からの言葉だと信じたのですから、あなたの人生で何を変えますか。」この人たちは、ずっとこの質問をされてきましたから、新しく主を信じた時、自分たちが、神の言葉に従わなければならないこと、すなわち、聖書は、彼ら自身が変えられることを要求しているという考えに対して抵抗がありません。

相互説明責任

グループのＤＮＡに「相互説明責任」を導入することは、第二回目の会合から始めます。グループのメンバーを見ながら、こう尋ねてください。「皆さんは、前回の会合で、今週誰々さんを助けようと言いました。結果は、どうでしたか。」あるいは、「何人かの方々は、自分の人生を変える必要があると認めましたが、実際に自分を変えることができましたか。その結果はどうでしたか。」もし、何もしなかったら、今度は、実際にやってみるように、そして次回の会合で、どんな結果があったか皆さんに分かち合えるようにと励まします。お互いに達成したことをグループで祝福しあうことの大切さを強調します。

初めは、皆驚きます。でも、二回目には、そのうち何人かが進める準備ができているはずです。三回目には、みんながどんなことを聞かれるか分かっているので準備をして会合に来ます。

もちろん、この習慣は、全員が洗礼を受けた後も続けます。

礼拝

救われていない人に、神を礼拝するように求めることはできません。彼らが信じていない歌を歌わせて、無理に嘘をつくことを強いるべきではありません。それでも、グループのＤＮＡに礼拝するための種を植えつけることは可能です。

感謝すべきことを語り合えば、それは礼拝になります。

神の言葉に応答して自分たちの生き方にどのような変化があったかを語りあえば、それは礼拝になります。

自分たちの地域共同体にもたらした変化を祝うとき、それは礼拝になります。

多くの教会で語られていることですが、礼拝賛美は、礼拝の中心ではありません。むしろ、礼拝は、神との関係から生まれるものです。賛美をすることは、神との関係がもたらす喜びを表現する一つの方法です。確かに、あなたのグループもやがて讃美をささげるでしょう。しかし、礼拝のＤＮＡは、歌い始めるずっと前からグループの中に植え付けらているのです。

聖書

神の言葉である聖書は、会合の中心です。グループは、聖書を読み、話し合い、また、実践し、従います。聖書が、どのような牧師や教会を導くリーダーよりも低い位置に来ることはありません。聖書自体が、教師なのです。このことについては、次の章、グループＤＮＡの要素のセクションでさらに説明します。

発見すること

救われていない人たちと共に働くときに、私たちは、聖書を説明する役割に陥いることを避けなければなりません。もしそうすれば、聖書に権威を置くのではなく、私たちが権威になってしまいます。もし、私たちが権威を握ると、私たちの指導力とグループで教えるために使う時間によって宣教の拡大が制限されてしまいます。結果として、聖書に権威を置くことから、教師に権威を置くことに移行してしまい、そのグループの再現性が失われることになります。

今までやり慣れたことを変えることは大変なことです。私たちは、教えることが大好きです。教えることで達成感があります。私たちは、答えを知っていて、その知識を他の人たちにお分かちしたいのです。しかし、もし、私たちが、人々を律して、聖書と聖霊ご自身に答えを求める人々を弟子にしたいと願うのであれば、私たちは、答えを出す人になってはいけません。私たちは神の言葉の中で自分たちに何を語っておられるかを、彼らが発見できる手助けをしなければなりません。

この考えを強化するために、私たちは、グループを始める人たちをファシリテーター（進行係）と呼びます。彼らは、教えることよりも発見を促します。彼らの働きは、救われていない人々が聖書を吟味するよう促すような質問をすることです。ある箇所を読んだら、ファシリテーターは、「この箇所は、神様について何と言っていますか」次に、「この箇所は、人間について何と言っていますか」そして、「もしこの言葉が、神様からのものであると信じるならば、あなたは、ご自分の人生をどのようなに変えなければならないと思いますか」と質問します。

この発見のプロセスは、グループの増殖にとって不可欠です。もし、グループが、自分たちの持っている疑問に対する答えを求めて、神の言葉に聞くことも、聖霊に自分たちを委ねることも学ばないならば、グループの増殖は、たとえ少しは起こったとしても、あまり期待できません。

グループによる修正

私たちのグループ・リーダーや教会のリーダーたちの大半は、制度的な聖書教育を受けていません。これを聞いた人は、「異端はどうするんですか。グループがおかしくなるのを防ぐ方法は」と質問してきます。この疑問は、大切ですし、リーダーとして私たちが持たなければならない疑問です。

まず第一に、どのグループでも、最初は異端的になる傾向があります。彼らは、神を発見する過程にあり、不従順な生き方から従順な生き方に移行しつつあるけれども、最初からすべてを理解するのは、不可能です。グループで一緒に聖書を読み進むうちに、神がどのように神との関わりを望んでおられるかを知るにつれ、異端的でなくなっていきます。これが弟子となるということです。

もし、彼らが、聖書からあまりに外れていると感じたならば、すぐに、聖書から新しい箇所を紹介し、その箇所について、ディスカバリー・グループのプロセスを行っていきます。ここで、私が、「教える」とか「矯正する」という言葉を使っていないことに注意してください。聖霊が、聖句を用いて、彼らの行動を矯正してくださいます。人々が、追加の学びを終えると、彼らは、何をすべきか認識することができます。さらに重要なことは、彼らは、それを実際に実行に移すことです。

第二に、異端は通常、ある程度の教育を受けたカリスマ性の高いリーダー（宗教的な運動のことではなく個人的な魅力のことです）によって始められます。このリーダーは、聖書が何を語っているか、また聖書の語ることに従うために何をすべきかグループに教える必要があります。この場合、グループは、このリーダーが語ることそのままを受け入れ、リーダーによって語られたことを、聖書の文脈の中で吟味することはしません。

私たちは、リーダーに対して、聖書の箇所をグループで読むこと、また、各メンバーが、読まれた箇所にどのように応答しているか吟味するように教えています。グループが、「そのことは、この箇所のどこに書かれていますか」のような単純な質問をするように教えます。誰かが、読んだ聖書の中からみことばに従うための奇妙な答えを引き出してきたら、リーダーは、この質問を繰り返します。また、この箇所を共に学んでいるときに、誰かがみことばに書かれていることに何か付け加えることがあれば、リーダーは、この質問を再びするのです。この単純な質問によって、グループ・メンバー全員が、読まれた聖書の箇所に集中し、その箇所から本質を引き出し、従うべき事柄を見出すように訓練されます。

ファシリテーターは、グループでこのような修正を行ったり、聖書箇所に集中するためにメンバーの良い手本となります。

信じた者の祭司性

新しく信じた人たちやまだ信じていない人たちは、キリストと彼らの間に立つ仲介者はいないことを理解する必要があります。そのため、私たちは、仲介者だと思われている人を取り除くDNAを植え付け、聖書だけが生き方の中心になるように導かなければなりません。外部リーダーは、教える人になるのではなく、彼らが聖書から自分たちで学ぶ手助けをするファシリテーターになるのです。そして、グループは、聖書に書かれていることに基づいて、自分たちの生き方を修正していくことを教えられます。

リーダーは、自然に生まれてきます。それは、自然なことなのです。しかし、リーダーとしての賜物は、リーダーの役割によって識別されるのです。リーダーとは、霊的な地位であるとか特別な地位という階級ではありません。リーダーたちは、相互説明責任において、より高いレベルを保っている人たちと言えます。だからと言って、相互説明責任が、彼らに特別な地位を与えるものではありません。

もし、信者の祭司性のDNAを持っていなければ、教会は絶対に生まれてきません。弟子を育てるプロセスにおいて、このDNAを確立しなければなりません。

グループ集会とは、どのようなものでしょうか?

それを説明するのに多くの言葉そ必要とするようですが、実は単純なことなのです。ただ、非常に意図的に行います。問題は、それをグループの集まりの中に当てはめるとどうなるのかということです。ここに、DNAの要素をカッコで囲んだ簡単なアウトラインを示します。

◆質問：「今週、あなたがたにとって、感謝だったことは何ですか。」（祈り・礼拝）

◆質問：「今週、あなたがたにとって非常に辛かったことは何ですか。状況が良くなるために必要なことは何ですか。」（とりなし）

◆質問：「あなたの地域の人々が必要としていることは何ですか。」（奉仕）

◆質問：「先週、お互いの必要ついてどのように助け合うことができましたか。」（奉仕）

◆質問：「先週、私たちは何について話し合いましたか。」（相互説明責任）

◆質問：「先週聖書から学んだ結果、何かあなたがたの生き方を変えましたか。」（相互説明責任・従順さ）

◆質問：「あなたは、聖書から学んだ物語を（伝えたいと思った人に）お分かちすることができましたか。」（相互説明責任・礼拝）

◆提案：「今週も、一緒に聖書が何を教えているか見てみましょう。今週の聖書箇所を読んでください。」（聖書）

◆質問：「～さん、ここにいない友だちに話しかけるように聖書箇所を自分の言葉で言い直してください。」（相互説明責任・宣教）

◆グループ全体への質問：「皆さんは、彼が自分の言葉で言い直してくれたことが正しいと思いますか。彼の話の中に、追加された箇所や、言い忘れた箇所はありましたか。」グループ参加者が、大切なポイントを忘れていなければ、そのまま続けてください。もし、忘れていたら、もう一度、その箇所を読み直してください。また、誰かが、その箇所に無いことを付け加えた場合、次のように尋ねてください。「そのことは、この箇所のどこにありましたか。」もし必要なら、もう一度、その箇所を読んでください。（信じた者の祭司性・グループによる修正）

◆質問：「この箇所は、神について何を教えていますか。」（発見・聖書・信じた者の祭司性）

◆質問：「この箇所は、人間について何を教えていますか。」（発見・聖書・信じた者の祭司性）

◆質問：「もし、私たちがこの箇所が神からのものだと信じるならば、私たちは、どう変わらなければなりませんか。」（発見・聖書・従うこと・信じた者の祭司性）

◆質問：「私たちがもう一度集まる前に、あなたがたは、誰にこの箇所についてお分かちしますか。」（宣教・増殖）

◆質問：「次は、いつ集まりますか。」これは、実践的な質問です。二十六週の学びに誰かを縛り付けることはできないでしょう。でも、グループに次の週再び集まるチャンスを与えることができます。もし、彼らが本当に求めていて、この集会が彼らの必要を満たしているならば、彼らは、あなたに再び集まりたいと言うでしょう。

この本の付録に、救われていない人たちをキリストとの関係に導く弟子を育てるために用いている聖書の箇所

のリストをあげてあります。（88頁の「ノンクリスチャンのための聖書研究リスト」参照）

グループを用いて弟子を育てる

私たちは、このパターンを使って、グループの中で皆が弟子となるように育て、リーダーを訓練していきます。私たちは、聖書の箇所から、リーダーが持つべき（あるいは避けるべき）行動やリーダーとしてすべき（あるいは、すべきではない）ことを取り上げている箇所を選びます。また、リーダーを訓練する時に、グループとして、あるいは宿題として、その箇所に関する「三つのコラムによる学び」を完成させてから集会に臨んでもらうようにしています。

三つのコラムによる学びのあらまし

横長の紙を三つのコラムに分けます。一段目に、「聖句」、二段目に、「私の言葉」、三段目に、「私の意思」というラベルをつけます。

聖句

選ぶ聖句の長さによって、学習にかかる時間が決まります。長ければ長いほど、学びに時間がかかります。このことは、決して悪いことではありませんが、念頭に入れておくことが大切です。一般的には、聖書箇所を10節から15節位に留めておくようにしましょう。

「聖句」の欄には、聖書の箇所を、一字一句書き出します。時間がかかる作業ですが、短い聖句を読むことで、かかる時間をコントロールできます。長い箇所は、いくつかに分け、何日かに分けて書きます。しかし、重要なことは、一字一句書き写し、実際に五回から七回読み返すことです。聖書箇所に集中して考えることができない人にとっては強制的になされる黙想の形となります。このやり方によって、読み慣れた箇所を飛ばして読んでしまうことを避けることができます。書き出すことで、一語一語について考えなければなりません。

自分の言葉で語る

聖書の箇所を写し終わったら、二番目の欄に、自分の言葉で箇所を書きます。コーヒーを飲みながら友だちに話しているようなつもりで書きましょう。自分の言葉でその箇所を書けるまで、次に移ってはいけません。自分の言葉で語れるようになるまで、先に進んではいけません。自分の言葉で誰かに伝えることができなければ、その箇所を本当に理解しているとは言えないのです。そして、聖句を理解できない限り、その聖句に従うことはできません。単純なことです。時には、その箇所について作業するのを二、三日やめて、声を出して、聖霊と語り合う必要があるかもしれません。これを始めると、良く知っている箇所なのに、自分の言葉で書き出せていない箇所があることに気がつくでしょう。私たちは、時には本当に理解するよりも、「知っている」で終わっているのです。

私は、従います

三番目の欄では、神の言葉を理解することから、みことばに従うことに移行します。みことばの各部分を見てください。この箇所に従うために、あなたの生活に加えるべきこと、生活から取り去るべきこと、生活を変えなければならないことは何かを示してくださるよう神に求めてください。具体的に祈りましょう。この箇所には、神が世界を創造されたと語っているかもしれませんが、自分の人生にそれが何を意味するか決めなければなりません。神が、世界を創造されたことをあなたが信じることによって、あなたの人生は、どう変わらなければなりませんか。今までの生き方を変える必要があるのでしょうか。次の二十四時間以内に、この箇所に従って何ができますか。私たちが、神の言葉を開くたびに、神は、私たちを神との深い関係に招いています。この神の招きを私たちは、「恵み」と呼びます。従うことは、どのように主の招きを受け入れるかの方法なのです。神は、みことばに従うものと共に生きておられます。(ヨハネ14章23~24節) 神の言葉を学ぶとき、私たちには、選択肢があります。神に従うか、神に背くかです。本当に単純なことです。第三番目の欄は、神の招きに対するあなたの応答です。

リーダーと一緒に、私たちも、読んだ箇所にSPECKを当てはめてもらうこともあります。

S (SIN 罪)　避けなければならない罪がありますか。

P (PROMISE 約束)　約束、祈り、賛美がこの箇所にありますか。

E (EXAMPLE 模範)　従っていくべき (あるいは、従わない方が良い) 模範がありますか。

C（COMMAND 命令）　従うべき命令がありますか。

K（KNOWLEDGE 知識）　保持し続けるべき知識がありますか。

私たちのリーダーは、ディスカバリー・グループの中でＤＮＡが確立された状態でキリストのもとに来たので、彼らは、リーダーとして訓練される際、このパターンに簡単に移行することができます。さらに、彼らは、自然にこのパターンを使って人々を訓練し、そして、それによって、良いＤＮＡを人々に移植していきます。

多くの人々、組織、教会は、ディスカバリー・グループを始めることだけで、その地域に、弟子を育てる運動を起こすことができると信じています。確かに、ディスカバリー・グループは、強力な道具ですし、この運動に必要な多くのＤＮＡを伝えるものですが、弟子を育てる人々は、自分自身が主の弟子になること、祈りの生活を培うこと、失われた共同体に関わること、「**平和の子**」を探し出すことに献身する必要があります。これらのことで、グループを立ち上げることができますが、次の数章で説明する戦略的な要素は、グループを立ち上げることから、運動を増殖させることへと移行するのに役立ちます。

第十六章　教会を建てあげる

樫の木は、ドンクリを実らせますが、多くの人は、巨大な樫の木と、小さいドンクリが同じとは言わないでしょう。それでも、ドンクリは、大きな樫の木に成長するために必要なすべてのDNAを持っているのです。もちろん、ドンクリが育つための条件が良くなければなりませんが、どのドングリも、樫の木になる可能性、能力を持っているのです。でも、ドンクリは、樫の木ではありません。

では、苗木はとどうでしょう。確かに、苗木はより木に似ています。葉も茎もあります。でも、樹齢によっては、まだ樹皮がないこともあります。芝刈り機で簡単に切り取ってしまうことができますが、樫の木は、それができません。苗木は、ドングリよりも、樫の木の特徴を備えていますが、まだ樫の木ではありません。ドンクリも、苗木も、樫の木も皆同じDNAを持っています。DNAを活性化し、潜在能力を発揮するために必要な条件も同じです。しかし、その姿は、似ても似つかないものです。

樹齢百年の樫の木を育てたいと思ったら、どうすればいいのでしょうか。適切な土壌にドングリを植え、適切な条件と百年の歳月があれば、樹齢百年の樫の木ができます。実に単純です。リスが植え、水やりは、神がしてくださり、ミミズが土の手入れをしてくれます。

では、ある地域に、百年経った成熟した教会を建てたいと思ったら、何をする必要があるのでしょうか。祈り、地域社会に関わり、「**平和の子**」を見つけだし、ディスカバリー・グループを用いて福音を伝え、洗礼を授けて教会という信者の共同体に加え、リーダーを育て、そして、百年待つのです。樹齢百年樫の木を移植しても、あまり意味がありません。植え替えられた百歳の樫の木は、原木ほど強くないからです。終わりから始めるのではなく、最初から始めなければなりません。

私たちが、自分たちに問いかけてみなければならないことは、一体いつドンクリが樫の木になるのか、また、いつ小グループが、教会になるかなのです。

私たち親子二人は、教会について、過去四〇年間、ある時は、正式な場で、またある時は非公式に、何百回となく議論を重ねてきました。集会の頻度、規模、リーダーシップ、規則、複製による成長、活動計画、グループの役割とその本質、普遍的な部分と、固有な部分など、考えなければならない課題は、数え切れないほどあります。私たちは、皆、自分の現在の経験に基づいて教会を定義し、限定し、そしてその自分たちの見方を他の人に投影しがちです。私たちは、自分たちがやっていることが正しいと思います。でも、もし、それが正しいのなら、誰もが自分たちと同じように教会をやっているはずです。しかし、新しい教会にとって何が正しいかということは、百年の歴史を持つ教会が正しいと考えることと異なっているかもしれません。もちろん、これは私たちが教会とは何なのかその正しい定義を知っていることを前提にしています。確かに絶対的なものはありますが、その時々にかなった答えや対応が必要な状況もあります。

私たちは、皆、教会のスナップ写真を撮り、その一枚のスナップ写真で教会を定義する傾向かがあります。人生はスナップ写真ではありません。動画でもありません。教会は、複雑で常に変化しています。目に見える部分もあれば、目に見えない部分もあります。人間関係は、成長し、変化し、トラブルに見舞われ、回復し、解消され、様々に変動します。変化する性質を持った組織体です。私たち人間は、年齢によって、五〇年前、四〇年前、三〇年前、二〇年前、一〇年前と同じではありませんが、同じ人であることに変わりはありません。人生が人を変えたとしても、人であり続けます。いつも同じであるということは逆に不自然です。しかし、私たちは、変わっても、私たち自身は、お互いに見分けがつく存在としてあり続けます。

私たちは、しばしば、教会の「本質」と「機能」を混同してしまいます。「本質」は変えることができません。しかし、「機能」は、教会のニーズと、教会内外の人々によって変化します。教会がキリストに属しているということは、教会の本質の一部です。しかし、教会の集まりは、教会の機能の一つです。本質は、いつも真実です。しかし、機能には、連続性がありません。これは、「私たちは何者か」と「何をするか」ということの違いを考える古い話です。どちらが私たちを定義しているのでしょうか。両方必要です。私たちが教会の本質に反することをする時、私たちの本質が問われます。教会の本質に合わないことをする時、私たちは、自分はいったい誰なのかが問われます。私たちは時折、自分の性格に合わないことをすることがあります。しかし、もし私たちの性格に逆らい続けるならば、私たちの性格も実際変えることになってしまわないでしょうか。そして、もし性格が変われば、私たち自身を変えてしまわないでしょうか。同様に、社会的不公正を無視する教会は、どのように名乗ろうとも、教会であり続けることはできません。神の律法に従わない姿を許容する教会、また、恵みと哀れみを実践しない教会は、教会であり続けることはできません。教会が、教会であるということは、決して生易しいことではないのです。私たちは、正しいことのために立ち上がり、神のすべての律法を守り、人々の前で、恵みと哀れみを示していかなければなりません。だれが、このすべてをすることができるでしょう。そこがポイントです。教会は、単なる人間の集まりではありません。そこには、神がおられます。それによって教会に要求されるすべてのことを行うことが可能になるのです。

教会には、ライフサイクルがあり、一部分を撮ったスナップ写真では教会全体を定義できないことを私たちは認識していません。種は、木なのか、新芽は、木なのか、苗木は、木なのか、材木は、木なのか。木は、いつ木になるのか。可能性で測るなら、種も、新芽も木です。でも、実から判断するなら、成木だけが木です。さらに、価値で判断するなら、木から作られた製品や、それが私たちの生活に役に立つかということで木を定義します。

私たち二人は、教会の定義についてよく聞かれますので、いつもこう答えます。「教会とは、イエス・キリストにあって洗礼を受けた信じる者たちが、礼拝、互いの育成、交わり（聖書の「互いに」という言葉の実践）のために定期的に集まり、個人、家族、地域共同体をつくり変えるために、キリストのすべての命令に従おうと努力し、その会合から遣わされていくことです。」

デービッドのある友人は、「教会の定義は言えないが、見れば分かる」と言いました。教会についての素晴らしい定義を持っていれば、その集まりが、教会であるとは限りません。でも、私たちは、なぜか本物の教会を、見れば分かるのです。だからと言って、教会の定義について質問をしてはいけないということではありません。しかし、その質問に対するどの答えも、「教会」を実現させているか、「教会」が実際にできているかどうかを判断するための十分な答えにはならないことも知らなければなりません。むしろ、質問すること、またそこから生まれる議論こそが、私たちが、誰のものであり、誰であり、何をする者かということを明確にしていき、その結果、私たちが、周りの人たちから教会として認識されていることを確認する助けとなるのです。

パウロは、教会を「**神の家**」と呼びました。エペソ二章十九節で、キリスト者たちは、「**神の家族**」と呼ばれています。この教会を表す家族という比喩こそが、**信じた者たちの共同体**にとって非常に大きな意味を持っています。

家族は、社会を築き上げている基本的な単位です。神は、天地創造のときに家族を定められました。聖書は、家族の役割、社会における家族の位置づけ、そして、家族間の関わりについて定義し発展させています。家族の中にある人間関係は、一般的に、深く複雑です。機能不全に陥った家族でさえ、通常、役割、アイデンティティ、家族の中での互いの受容、そして家族か共同体の人たちに対してどのように自分たちを表現していくべきかについて、非常に大きな期待をしています。

どんな比喩であっても、そのたとえの意味を無理に広げすぎると、理解できなくなります。比喩は、私たちの理解に意味と広がりを与えるべきです。この場合、私たちは、家族に関する理想的な概念と、それがどのように信者の共同体に関係するかに注目する必要があります。

私たちのだれもが、理想を達成することはできませんが、理想を達成するために努力するべきです。以下は、家族について考えるのに役立つ形容詞のリストです。順不同です。これらの形容詞は、実際の家族にも、霊的な家族にも適用できます。

世代別の

家族とは、父、母、子どもだけで構成されていません。祖父母、曽祖父母、叔父叔母、いとこ、甥、姪、孫、曾孫、もっといます。これらの関係の中には、親密な者もあり、互いに全く知らない人もいます。それでも、すべてが家族なのです。家族のライフサイクルは、個人のライフサイクルよりも長いです。

導かれている

通常、一人または複数の年長者が家族を管理しています。意志決定は、様々ですが、一般的には、異なる世代がその決定に関わり、その関係の近さによって、多かれ少なかれその意思決定にさまざまな影響を与えます。家族が自分たちを導いていく方法は、一つではありません。結婚によって家族が融合することで、実際、同じ文化の中にあっても、それぞれの家族は、他の家族とは多少異なるものになります。特に、トラウマになるような指導者の交代があった場合、家族のあり方は大きく変化することがあります。さらに興味深いことに、ある家族は、全く血縁関係のない他の家族さえも導いています。

開かれている

人は、結婚して新しい家族になり、子どもは、養子となることもあり、時には、友人が家族のようになることもあります。ある文化圏では、この開放性により、世代が分離し、新たな別個の家族となる文化もあります。また、別の文化圏では、家族が、硬い絆で結ばれた一族に成長することもあり、その場合、階層や後継者が決まっている多世代に渡ります。すでに子どもがいる人が、子どものいる別の人と結婚することで、二つの家族が、一つの融合した家族になる機会があります。また、極端な争いによって家族が分裂することもあります。新しく家族の一員となった者たちは、互いに吟味し合いますが、普通は、一旦統合されると、完全に結ばれて、一つの家族として識別されるようになります。

かばい合う

家族のメンバーは、互いに気を配り、若者や弱い者を気遣い、誰かが、不当に扱われたときは、一致団結して守ろうとします。家族のメンバーの一人を攻撃すると、家族全体がそのメンバーを守ろうとします。健全な家族においては、この保護意識が、家族の成長を促します。家族内の互いのかばい合いが、若者を成長させ、弱い者や病人を元気にさせる環境を作るのです。

支え合う

家族は、感情的に、精神的に、肉体的に、経済的にお互いを支え合うことが求められます。与えたり、受けたりする支援のレベルは、必要性、関係の親密さ、成熟度により決定されます。危機的な状況では、役割が逆転し、互いの間につくられた境界線が、弱くなったり、全く無くなってしまう可能性さえあります。

励まし合う

よい家族は、互いに応援し合い、個人的な目標や家族としての目標を達成するために助け合います。彼らは、各メンバーが自分の可能性を最大限発揮できることを願っています。互いへの寛容と無我の心で示される愛が励ましの中心です。家族全員が、参加し、メンバー一人の成功を一緒に祝います。互いの間の、適切な競争やライバル意識は、成長を刺激することはあっても、弱い人を切り捨てたり、強い人を制限したりはしません。

識別可能な

家族以外の人たちは、あなたの家族によってあなたが誰だか知っています。あなたの行動は、あなた自身だけでなく、プラスにもマイナスにも家族全体に作用し、多くの家族は、地域社会の中で、良い評判、あるいは、悪い評判を持っています。家族は、それぞれの家族の基準に合うように子どもたちを育て、地域社会に良くも悪くも影響を与える可能性があります。家族には、「黒い羊」のような子どもや親戚がいるかもしれません。しかし、そのような彼らも家族の一員であり、プライドを持って見られることもあります。一般的に、誰が家族の一員で誰がそうでないのかは、家族にも地域社会にも知られています。

増殖する

家族の目的の一つは、繁殖、増殖、成長することです。家族とは、多世代に渡って築かれていくことが期待されます。家族は、そのメンバーの誰よりも長生きするものであり、複数の分家を生み出すのは自然なことです。その分家同士は、互いに連絡を取り会うこともあれば、そうでないこともあります。

互いに育成し合う

家族は、メンバー一人ひとりが、知的、肉体的、感情的、霊的、経済的、教育的、職業的、にそれぞれの潜在能力を発揮できるよう、互いに助け合い、励まし合い、訓練し合い、教育し合い、互いを指導し合います。リーダーは、成長するものです。なぜなら、人を導く前に自分が従うことを学び、人を導きながら従うことを学び続けるからです。互いのチームワークが生まれ、個々人の優れた能力が、個人や、家族全体の益のために生かされます。

互いに思いやる

家族のメンバーは、互いの必要に応えますが、家族の一員ではない周囲の人たちの必要にも応えます。よい家族は、自分たちや家族のことだけではなく、地域社会全体や、時には一度も会ったことのない人たちの世話もします。家族への思いやりが第一ですが、決して排他的ではなく、隣人や、見知らぬ人が困っている時、互いを思いやる家族は、その思いやりを他の人にも向けます。

流動的である

家族は、一つ所に留まりません。ある家族は、状況に応じて分裂し移動します。計画的に分裂や移動をする家族もいます。家族は、多くの場所に身を置くことで、生き残ります。

多種多様である

家族は、しばしば一つの共同体や、一つの職業に属していると認識されがちですが、通常は、決してそのようなものではありません。ほとんどの家族は、非常に多種多様です。成功している家族は、教育、職業、政治、時には、国籍など多様性に富んでいます。多様性は、生存能力を高めます。時代と共に変化することが家族の将来を保証し、伝統が家族の安定をもたらすのと同じです。真の多様性には、革新と伝統の両方が必要です。伝統は、革新のための安定性と土台を提供します。革新は、伝統が、化石化してしまったり、束縛されたりするのを防ぎます。優れた伝統は、家族を未来へと駆り立てる原則に基づいています。過去に在ったものが、刷新によってさらに良くなっていきます。神は、創造力豊かです。そして人類に、その性格を授けてくださいました。革新を否定することは、正に、神の本質を否定することです。家族には、創造的な取り組みを促進する伝統が必要です。家族が存続し健全であるためには、革新が必要なのです。

互いの愛に満ちている

家族のメンバーたちは、自分よりも互いを優先にします。彼らは、互いのために最善を尽すことを願います。可能な時に、可能な限り、互いのためにベストを尽します。変えられないことは受け入れ、変えなければならないことは変えます。人生に失敗した人には愛を示し、転んだ人を抱き起こします。健全な家族は、メンバーの失敗を許し、改善を望み、その実現のために努力します。良いことを思い出し、失敗から学び、悪いことを忘れます。家族は、互いに祝福し合い、祝福され合うのです。家族は、互いの成功のための足掛りとなり、自分が成功すれば他の人たちにも手を差し伸べます。また、家族は、弱い者を助け、病人を癒します。他の人が成長し、利益を得て成功するために犠牲を払います。家族は、見知らぬ人にも心を開き、それでいて手厚く保護し合う家族は、思いやりあり人を育てます。家族は、他人が生きるために、自分の命をささげます。他人が成長するために、自分が知っていることすべてを提供します。家族は、寛大であり、成長、成功、寛大さ、人格、達成、犠牲を評価します。家族は、また、謙虚さと卓越性を追求します。常に学び、教え、常に奉仕し、常に愛し合います。

これらすべては、信仰者の共同体にとって非常に大きな意味を持っています。このような種類の教会こそ、何世代にも続く弟子を育てる人たちが成長させたい教会なのです。

共同体の中で生きるための命令

1　互いに受け入れ合う。（ローマ15章7節）
2　一つ思いになる。（Ⅰコリント1章10節、ピリピ4章2節）
3　互いに忍びあう。（コロサイ3章13節）
4　互いに一つのからだに属していることを覚える。（ローマ12章5節）
5　互いを自分より優れていると考える。（ピリピ2章3節）
6　互いに対する信頼を裏切らない。（マラキ書2章10節）
7　互いの徳を高める。（エペソ4章29節）
8　互いの重荷にならない。（ガラテヤ6章4〜5節、Ⅰテサロニケ5章11節）
9　互いの重荷を負いあう。（ガラテヤ6章2節）
10　互いに比較し合わない。（ガラテヤ6章4〜5節）
11　互いをいたわり合う。（Ⅰコリント12章25〜27節）
12　互いに罪を言い表す。（ヤコブ5章16節）
13　互いの伴侶を欲しない。（出エジプト記20章17節、申命記5章21節）

14　互いの持ち物を欲しがらない。（出エジプト記20章17節、申命記5章21節）
15　互いに突出した借りを持たない。（ローマ13章8節）
16　互いに、盗んだり、嘘をついたり、欺いたりしない。（レビ記19章11節）
17　互いをむさぼったり、滅ぼし合ったりしない。（ガラテヤ5章15節）
18　互いに、愛し合う。（ローマ12章10節）
19　互いを訓練し合う。（マタイ18章15～17節）
20　互いに善を行い、持ち物を分かち合う。（ヘブル13章16節）
21　信仰を持って互いを強め合う。（ローマ1章11～12節）
22　互いを励まし合う。（Ⅰテサロニケ4章18節、5章11節、テトス1章9節、ヘブル3章13節、10章25節）
23　互いに愛と良い行いをするように励まし合う。（ヘブル10章24節）
24　互いに妬み合わない。（ガラテヤ5章26節）
25　互いを公正に裁く。（レビ記19章15節）
26　互いがつまずくことはどんなこともしない。（ローマ14章21節）
27　互いに交わりを持つ。（Ⅰヨハネ1章7節）
28　互いに赦し合う。（マタイ18章21～35節、エペソ4章32節、コロサイ3章13節）
29　自分の賜物で互いに仕え合う。（Ⅰコリント12章7節、Ⅰペテロ4章10節）

30 互いに与え合う。（箴言3章28節、ルカ6章30節、17章3～4節）
31 互いに挨拶し合う。（ローマ16章16節、Ｉペテロ5章14節）
32 互いに恨みを抱かない。（レビ記19章18節）
33 互いにつぶやかない。（ヤコブ5章9節）
34 互いに無情やケチにならない。（申命記15章7節）
35 互いに悪事を計画しない。（箴言3章29節）
36 互いに調和を保って生きる。（ローマ12章16節、Ｉペテロ3章8節）
37 心の中で互いを憎み合わない。（レビ記19章17節）
38 互いに自分よりも優れたものとして尊敬し合う。（ローマ12章10節）
39 文句を言わずに互いをもてなす。（Ｉペテロ4章9節）
40 互いにへりくだる。（Ｉペテロ5章5節）
41 互いに傷つけることをしない。（ローマ14章15節）
42 互いに善意にあふれ、知恵に満たされ、訓戒し合う。（ローマ15章14節）
43 互いに個人的にお金や物を貸すときに、利息を取らない。（申命記23章19節）
44 互いを裁き合わない。（ローマ14章10節、13節、14章13節、ヤコブ4章12節）
45 互いに、また他のすべての人にも親切にする。（Ｉテサロニケ5章15節、Ⅱテモテ2章24節、エペソ4章32節）

46　互いに対して、また互いについて嘘をつかない。（出エジプト記20章16節、申命記5章20節、コロサイ3章9～10節）
47　互いの関心事に気を配る。（ピリピ2章4節）
48　互いの失敗を喜んで眺めていない。また、他の人が困難に直面している時に、自分の幸運を自慢しない。（オバデヤ書1章12節）
49　互いを見下さない。（ローマ14章10節）
50　互いを愛し合う。（レビ記19章18節、マタイ22章36～39節、マルコ12章28～31節、ルカ10章25～27節、ヨハネ13章34～35節、15章12節、17節、ローマ13章9節、ガラテヤ5章14節、Ⅰテサロニケ3章12節、4章9節、Ⅱテサロニケ1章3節、ヘブル13章1節、ヤコブ2章8節、Ⅰペテロ1章22節、4章8節、Ⅰヨハネ3章11節、23節、4章7節、11～12節、Ⅱヨハネ1章5～6節、Ⅰコリント13章4～13節）
51　互いに憐れみを示す。（ゼカリヤ書7章9節）
52　互いに惜しみなく与える。（申命記15章11節）
53　互いに忍耐する。（エペソ4章2節）
54　互いの間を平和に保つ。（マルコ9章50節、Ⅰテサロニケ5章12～13節）
55　互いのために祈る。（ヤコブ5章16節）
56　互いをイライラさせない。（ガラテヤ5章26節）

57 他人の罪悪感を共有しないように、互いを戒める。（レビ記19章17節）
58 互いに和解し合う。（マタイ5章23～24節）
59 互いを尊重する。（Ⅰペテロ2章17節）
60 罪に陥る時、優しくお互いの関係を回復する。（ガラテヤ6章1節）
61 互いに報復しない。（レビ記19章18節）
62 互いに良いことを求め合う。（Ⅰコリント10章24節）
63 互いに仕え合う。（ガラテヤ5章13節）
64 互いの中傷をしない。（ヤコブ4章11節）
65 詩と賛美と霊の歌を持って互いに語り合う。（エペソ5章19～20節）
66 こっそり、また、力、策略、詐欺によって互いのものを盗まない。（レビ記19章13節）
67 互いの歩むべき道に、つまずきの石や、障害物を置かない。（ローマ14章13節）
68 互いに従い合う。（一コリント16章15～16節、エペソ5章21節）
69 互いの弱みに付け込まない。（レビ記25章14節、17節）
70 互いに、教え合い、勧告し合う。（コロサイ3章16節）
71 互いを訴え合う場合には、明確な理由があることを確かめる。（箴言24章28節）
72 互いに悪をたくらまない。（ゼカリヤ書7章10節）

73　互いに真実を語る。（ゼカリヤ書8章16～17節）
74　互いに悪を計らない。（ゼカリヤ書8章16～17節）
75　互いに待ち合わせる。（Ⅰコリント11章33節）

グループを教会に移行するのを助ける

グループが、このような家族、このような教会になるための移行を支援するには、時間と労力が必要です。弟子を育てる人は、「**平和の子**」や霊的指導者が神を発見することに焦点を当てたディスカバリー・グループを導けるようになるために毎週、何か月にも渡って訓練します。この一連の学びは、グループの世界観、また文化的な入り口や障壁に取り組みます。また、聖なる愛に満ちた神を発見し、自分自身の罪と向き合い、イエス・キリストを通してその罪に対する神による赦しがあることを見出し、イエスと恵みと信仰生活に導かれ、結果に関わらず主の命令に従う信仰生活に自分をささげていくようにと導きます。この過程のある時点で、グループは、キリストを信じます。しばしば、一度に、または短期間に全員が信仰の決断をします。キリストへの信仰とバプテスマについての聖書の教えを、彼らが発見し従う時に、彼らは、バプテスマを受けます。その時、聖書を学ぶグループは教会への移行をし始めるのです。

この移行の期間、弟子を育てる人は、「**平和の子**」や親族グループの霊的指導者の指導のために六か月から二年間時間を費やします。さらに、約二年間を指導者たちの指導に費やし、この新しいグループが教会へと成長するのを助け続けます。弟子を育てる人は、新しいグループの人たちだけのために働くのではなく、それぞれのグループが、弟子育成プロセスの異なる段階にあるので、その一つひとつのグループに同時に関わっていきます。

ディスカバリー・グループが、教会に移行するにつれて学びのプロセスは、日常化し、弟子を育てる人の使う時間とエネルギーは少なくなっていきます。弟子を育てる人は、単に新しい聖書箇所を導入し、リーダーたちの質問に答え、続けてグループのリーダーたちとの関係を築き続けることだけすればよい。しかし、グループがキリストを信じようとするところまで来る時に、霊的な戦いが起こってきます。これはしばしば人間関係の危機的なポイントであり、この危機的な状況を、リーダーやグループが乗り切るためにより多くの祈りと時間が必要になります。弟子を育てる人は、グループをコントロールしたいという誘惑に陥るかもしれませんがそうすべきではありません。むしろ続けてリーダーたちの指導に徹し、聖霊が彼らを主の御前に導かれるのに任せます。結果として、弟子を育てる人は新しい教会の誕生の喜びを味わうことになります。

さて、**弟子を育てる人の働き**は、聖霊が教会を生むのを助ける「助産婦」の役割から、教会が成長するのを助ける「乳母」の役割へと変わります。乳母は親ではなく、子どもが責任ある成人になるように親の手助けをする役割を担っていることに注目して欲しいのです。確かに、出産は、大変なことですが、子どもが成人まで育てた経験のある私たちは、これから先もっと困難なことが、待ち受けていることを知っています。新生教会が、成熟を目指して歩き始める時に、弟子を育てる人の働きは、大幅に増えていきます。

新しい教会のリーダーたちを指導していくために費やされる時間は、数か月間、劇的に増えます。リーダーたちが、自分たちの責任を理解し、その責任を果たすために、みことばから学ぶことがたくさんあります。また、そのリーダーたちは、すでに他のグループの立ち上げに関わっていたり、他のグループが教会になる困難な状況を助けているかもしれません。弟子を育てる人は、この時点で、指導的なリーダーや教師になりたいという大きな誘惑に駆られます。しなければならないことがあまりにも多く、これらのリーダーたちが知らなければならないことがあまりにも多く、弟子を育てる人は、この人たちに知識を教え込まなければならないと感じてしまいます。弟子を育てる人たちは、この誘惑に打ち勝たなければなりません。

この段階で、弟子を育てる人は、ディスカバリー・グループ以外の時間にグループ・リーダーたちと過ごす時間を、五〇％から一〇〇％増加すべきです。ディスカバリー・グループの学びを通して、どの聖句を勧めるかは、彼らが経験したことを参考にして選びましょう。グループで人々が、みことばから直接教えられたように導き、このプロセスを各グループでも実践できるようにしましょう。イエスの人生と命令を調べてみましょう。これらの新しいリーダーが、単に、イエスとパウロが何を教えたのかを学ぶように導くのではなく、イエスとパウロが弟子たちに何をしたかを見て、新生のリーダーたちがイエスとパウロからリーダーとしてのあり方を学んでいくように助けます。教会の機能、性質、リーダーのあり方について集中して、聖書を一緒に探索しましょう。グループが、みことばと御霊によって導かれ、自分自身で、どうすればキリストの花嫁として、キリストの体として、共同体の真理の柱、土台となって生きる充実感を味わうことができるのか見出すことができるように指導します。家族、友人、隣人を、もっと愛し、彼らに仕え、彼らの必要を満たす方法を模索するために彼らが、新しい目で、家族、友人、隣人を見るのを助けます。これらの新しいリーダーたちと、周囲の人々の必要を満たす方法について一緒に意見を出し合い考えましょう。活用できるものが地域にあるか探してみましょう。外部からの援助に依存することはしてはなりません。

あなたが、愛と献身を持って、これらのパターンを実行に移せば、責任ある教会が出現し、その教会は、自らの地域共同体を変革し、周辺のあらゆる社会的な階層に手を差し伸べるようになるでしょう。教会は、自分たちが見出したものを必要としている他の地域社会に目を向けるようになります。その教会は、イエス・キリストのために責任ある弟子を育成する、責任あるリーダーが率いる、責任ある教会となるのです。

第十七章　リーダーシップ

「さようなら」は、人と人の関係の終わりを意味しません。むしろ、二人の関係が変化したということです。幼稚園の入学式の日に、「バイバイ」と言っても、親と子の別れを意味しません。むしろ、そこから新しい親子関係が始まります。大学の入学式の日、「バイバイ」と言うとき、また、結婚式で息子さんや娘さんの手を新しいパートナーに委ねるとき、親子の関係が変わります。そこで、もし親が手を離さなかったら、大きな問題が起こります。親子の関係だけでなく、子どもが責任ある大人として成長するための深刻なダメージとなります。

イエスは、ヨハネの福音書16章7節で、こう言いました。「しかし、わたしは真実を言います。わたしが去って行くことは、あなたがたの益になるのです。去って行かなければ、あなたがたのところに助け主はおいでになりません。でも、行けば、わたしはあなたがたのところに助け主を遣わします。」イエスは、地上では、時間と場所によって働きが限定されていました。もし、イエスが、天に昇らなかったならば、イエスを通して神が与える私たちへの知恵と力を、受け取ることにおいて限定されてしまっていたでしょう。しかし、聖霊は、時間や空間や人の数によって限定されることはありません。また、何人もの人たちが同時に聖霊に助けていただくことができることにおいても限定されません。イエスが昇天された後、イエスに従う者たちは、イエスが地上に留まり続けた場合よりもはるかに多くのことを達成できているのです。聖霊は、すべての人が、神の愛、神の力、神の知恵、また、みことばの理解をいただくことができるようにしてくださるのです。

新しい教会は、弟子を育てる人への依存度が非常に高いのです。もし、弟子を育てる人がその教会に長く留まりすぎると、その新しい教会の成長をだめにしてしまいます。聖霊と神の言葉に信頼することを学ぶ代わりに、弟子を育てる人に依存してしまうからです。これでは、教会が健全な教会に育っていくのを妨げ、教会の可能性を、極端に限定し、最悪な場合、新しい教会が成長する前に、教会を消滅させてしまいます。

弟子を育てる人たちは、新しい教会を始める時、すでに、その教会から自分が離れて行く準備をする必要があります。これは、あらゆる疑問に対する答えを、弟子を育てる人自身が聖書を読み続けることで探しながら、その教会のために祈り続けることによって得られます。この準備は、指導者たちが聖霊に耳を傾け、みことばに導きを求めるように、最初から彼らの指導に任せることによってなされます。

もし、弟子を育てる人が、新しい教会に長く留まりすぎると、自分自身が、聖霊に取って代わられてしまう危険に陥ります。神の言葉が解き明かされ、聖霊が罪を示し、教会の必要に応えるのではなく、弟子を育てる人が、代わりに罪を指摘しアドバイスを与え、手助けをして教会の祈りに答える人になってしまいます。そうすると、問題や迫害が起こったときに、教会は、神に解決や救いを求める代わりに、弟子を育てる人にそれを求めるようになります。

もし、弟子を育てる人が、その役割を十分に果たすなら、教会は、弟子づくりが成熟したクリスチャンのライフスタイルとリーダーシップを模範としているのを見たことになります。一方、弟子を育てる人は、教会が、神の言葉をどう扱ったら良いか、どう神の聖霊に聞き祈ったら良いのか、回りにいる人たちにどう奉仕していったら良いのか整えたことになります。新しい教会に新しいリーダーが現れると、弟子を育てる人は、そのリーダーが教会を指導し、彼らが成熟していく姿を見守っていきます。もし、彼らが失敗を犯した場合、彼らが神の言葉と聖霊に聞いてその失敗から回復していくように助けます。そして、弟子を育てる人は、教会が、良きリーダーたちの手の中にあり、聖霊のみ手の中にあることを知って、最善の時にそこを立ち去ります。いつその教会から立ち去るべきかを知ることは大切なことです。それは、関係の終わりではなく、より良い新しい関係の始まりなのです。この本の、残りの部分は、リーダーを育てることに焦点を当て、また、弟子を何世代にも渡って育て、この運動を促進させるための指導方法に焦点を当てていきます。

リーダーシップの「ロングテール」

ロングテールとは、統計学的な概念で、数値の推移を表にすると、まるで長いしっぽのような形をすることからこう呼ばれています。クリス・アンダーソンは、『ロングテール：なぜ、ビジネスの未来はより少ないものより多く売るのか』（二〇〇六年、ハイパーソン）という本を書いていますが、無名の本やアルバムのネット上での総売り上げ高が、その分野の超大作の総売り上げ高を超えてしまうとオンライン上の現象を説明しています。例えば、アマゾンやiTunesの販売実績は、その売り上げが、地域や販売店の大きさによって限定されないので、一年に二～三冊しか売れない本やアルバムや、楽曲でも売ることができます。年間、二〇冊しか売ることができないような本やアルバムの総売り上げを合計すると、何万冊と売り上げる数冊の超大作の売り上げを超えてしまう現状があります。

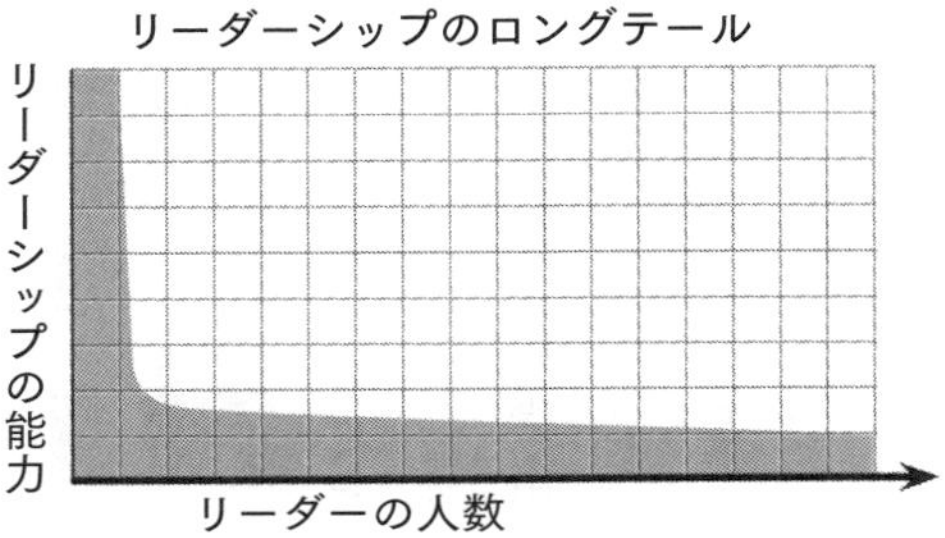

「ロングテール」をリーダーシップに適用する

アンダーソンの本について研究してみるとこの概念を使ってリーダーシップの重要な概念について当てはめて説明ができることに気がつきました。上記に示した表で、「リーダー数」とは、その人が、率いることができる人数や部族の数で、「リーダーシップの能力」とは、リーダーとして指導できる人の数です。私たちは、このグラフを、「リーダーシップのロングテール」と名付けています。大集団を統率する能力を持つ人は少なく、三～五人程度の小グループを統率する能力を持つ人が非常に多いという考えを示しています。例えば、リック・ウォレンのような人は、数千もの人を率いる能力がありますが、平均的な弟子を育てる人は、一〇人程度しか率いる能力しか持っていないかもしれません。

リーダーを育てるための二つのアプローチ

一つの方法は、可能性のあるリーダーを数人探し出し（前頁：図の一番左端に分布されている能力のある少数の人たち）、教育と訓練を施し、一発逆転を狙うことです。それらのリーダーは、見栄えもよいし、組織は、益をえることができます。しかし、もし、この一人の人にすべてを賭けてしまうなら、組織の成功と失敗は、このようなスーパー・リーダーに左右されることになります。ほとんどの、ＭＢＡプログラムは、このようなスーパー・リーダーを育てようとします。神学校も同様です。

もう一つの方法は、中位あるいは下位のリーダー（前頁：図の真ん中から右側に分布されている多数の人たち）を見つけ出し、その人たちが、家族や、共同体、また、サイロを率いるのを助けることです。もし、その人たちを十分に助けることができるならば、それらのリーダーたちに影響力を持つようになります。影響力とは、リーダーが持てる最も効果的な「通貨」です。ロングテールのリーダーたちに十分な影響力を与えることができれば、結果的に、スーパー・リーダーたちよりもっと多くの人を率いていくことになるのです。こうすることで、少なくともリーダーシップに関する限り、一人のリーダーにすべてを賭けることにはなりません。もし、一人のリーダーが、続けて働くことができなくなれば、そのコミュニティは、その人の代わりを見つけることができます。

無関係な個々人からなるグループからサイロをつくり上げるには、高い能力を持ったリーダーが必要です。牧師たち、また、伝統的な教会開拓者たちは、いつもこのようなことをしています。彼らの働きには、生まれつきの高い能力と訓練が求められます。実際、ほとんどの牧師は、六年から、八年の訓練と経験を積んでいます。このようなパラダイムでは、リーダーの育成はかなり長期に渡ります。一方、既存のサイロの中で、リーダーの育成をすれば、育成にかかる時間やコストを半分以下に抑えることができます。そして、見ず知らずの人を指導することに比べて、既存の家族、コミュニティ、サイロをより効果的に統率することができます。

人々が、普通のコミュニティを効果的に導くことができれば、さらに能力のある人は、より大きなコミュニティを導くことができるでしょう。また、自分のサイロの中で複数のコミュニティを導くことができる能力を持つ人も、そうするでしょう。このように、新しく育ってくるリーダーを見つけだし、彼らの成長に合わせて指導していけば、単に自分が偉いと思っている表面的なリーダーではなく、実際に偉大なことをするリーダーたちを育てる機会が生まれます。

どの街にも、コミュニティや家族や小グループが既に存在しているサイロがあり、そこにはすでにリーダーが存在しています。そのようなリーダーたちが自分たちの部族を導くのをあなたが助けるとき、多くの人たちの人生を変えるために必要な影響力を身につけることができます。もちろん、人を本当に助けたいという思いがなければ一瞬で見抜かれてしまい、あなた自身の共同体やサイロを超えて変化を起こすという希望を失ってしまいます。

影響力によって導いていく

私たちが知る限りでは、弟子を育てる運動は、非中央集権化されたシステムの中で福音が急激に広まった現代版の唯一の例です。世界中で活発になされている運動のリーダーたちは、すべて、立場によってではなく、影響力によって導いています。これが、米国や全世界の他の場所で進められている弟子を育てる運動にとって必要なリーダーシップのスタイルです。この運動の促進を願う人たちは、家族、コミュニティ、サイロ、都市、そして国家に到達するという最終目的を達成するために、複数の組織に影響を与える達人となる必要があります。影響力によって導いていく人には、五つの特徴があります。

1　影響力のあるリーダーは、さまざまなレベルの様々なネットワークにとって貴重な存在です。

私（ポール）は、弟子を育てる運動のリーダーや新進の内部リーダーたちを見て育ちました。その人たちが、ハイレベルな会議をリードする姿や、新米の開拓伝道者と食事をするところも見てきました。また、共通の目標に向かって、複数のパートナーを巻き込みながら、意思決定をしているのを見たことがあります。また、ある時は、五人の人が、小さな部屋に集まり、福音によって人々を救いに導こうと熱心に語り合っているのを聞くこともありました。どのケースにおいても、リーダーたちは、大小様々なネットワークが人々に福音を伝えるために何が必要かを考えるための手助けをしました。どの場合も、影響力のあるリーダーは、討論するために、その時点で与えられた立場から指導しました。そこでの彼らの肩書きは重要ではありませんでした。その結果、これらのリーダーたちは、多くのネットワークにとって、様々なレベルで貴重な存在となり、時を経て大きなことを成し遂げる助けとなりました。

2　影響力のあるリーダーたちは、他の人が成功するのを助ける時に成功します。

影響力のあるリーダーは、自分が導き、指導した人々が成功するまでは、自分たちは成功したとは考えません。弟子を育てる運動のリーダーは、自分が弟子として育てている人たちが、他の人を弟子として育てていくまで、成功したとは考えません。影響力のあるリーダーは、ステージに上がって賞賛を受ける必要はありません。むしろ、自分が弟子として育ててきた人が、その努力と成功を認められることにこの上もない喜びを感じるのです。

3　影響力のあるリーダーたちは、状況を的確に把握し、その場で対応する能力を持っています。

多くの会議は、ある目的を持って始まりますが、全く異なることを成し遂げて終わります。優れた影響力のあるリーダーは、状況を読み、素早くアプローチの仕方を調整する達人です。突然の予期せぬ変化にも動じません。実際、私はその場にいたのですが、リーダーたちは、情緒的に一歩引いて、さまざまな質問を投げかけながら、実際に起こっている状況を把握しようとしているのを見ました。そして場の流れに変化を察したときには、別のアプローチを提案したり、グループで検討するためのアイディアを投げかけたりして、会話を盛り上げていきました。

4　影響力のあるリーダーたちは、高いレベルの相互の人間関係を確立します。

この点をイメージするのは実に難しいです。特に、支配的で不快な相互の人間関係による組織の中で犠牲となった経験がある人はそうです。このような関係性は、ネットワークやその中でのリーダーの役割によって異なってきます。賢いリーダーは、神の言葉に従うという相互説明責任を重視し、あらゆる領域においての再現性を奨励しています。

このような相互説明責任は、次のような質問によって形成されるのが最適です。
◆神の言葉から、あなたは何を学んでいますか。
◆そのみことばを、あなたのネットワークの中でどう適用していますか。
◆あなたは、誰を弟子として育てていますか。
◆その弟子たちは、誰を弟子として育てていますか。
◆私は、そのために何ができますか。

5　影響力のあるリーダーたちは、次のことを区別する能力があります。

影響力を持つリーダーたちは、複数のネットワークにまたがり、またそれらのネットワーク内で様々な能力をもって働いているため、目の前のネットワークに集中する能力があります。他の人々やネットワークとの関係が、今置かれているネットワークでの自分の役割に過度な影響を与えることを許しません。また、複数のネットワークを超えて信頼を保持しなければなりません。あるネットワークで役割が小さくても、別のネットワークで役割が大きくても、それを受け入れます。それぞれのネットワークでの自分の役割を覚えていて、そのネットワークにいる間は、その役割の中で機能しなければなりません。さらに、複数のネットワークで活動する究極的な目標、すなわち、何百万人もの人（誇張ではありません）が、イエス・キリストを主であり、救い主として知るようになる弟子を育てる運動を促進していくことを忘れてはなりません。

リーダーシップとマネージメントの違い

私たちの多くは、リーダーシップの研究に生涯を費やしてきました。一般書から、宗教的なものまで、手に入る限りリーダーシップやマネージメントに関する本を読みあさってきました。学会やセミナーに参加し、その中には、リーダーシップに関する学会やセミナーを主幹している人もいます。私たちの多くは、マネージメントやリーダーシップの要素を含む学位を持っています。私たちの働きは、リーダーたちを育てることであり、コーチングやメンタリングの能力について真剣に考えています。

これだけ情報がありながら、政府、企業、非営利団体、主の働きにおいても、なぜ優れたリーダー、ましてや偉大なリーダーが少ないのでしょうか。理解して欲しいのは、私たちは、マネージメントについて話しているのではなく、リーダーシップについて話しているだということです。多くの人にとって、マネージメントとリーダーシップの違いはありません。どちらも、人が関わってきます。どちらも、目標を達成するためのものです。しかし、その焦点は、全く違います。マネージメントには、ある程度のリーダーシップの能力が必要であり、リーダーシップには、マネージメントの能力が絶対必要です。

では、二つの違いについてもう少し考えてみましょう。マネージメントは、結果を出すこと、目標に到達すること、使命を果たすこと、そして、ビジョンを達成するために必要な資源資金、人材のことです。それに対して、リーダーシップは、人間に関するものです。マネージメントにおいては、優れた人間関係づくりの能力と、マネージメントの能力が、目標を達成するため役立ちます。しかし、それは、あくまでも、仕事、結果、目標に集中することです。人は、その中の資源であり、複雑なものです。ある人にとっては必要悪です。多くのマネージャーは、教育することによって、個人差を最小限にする道を探します。すべてのマネージメントの管理システムにおいて、最大の弱点は、人であることを私たちは知っています。人は、さまざまな能力、技能、気質、また性格を持っています。楽しい人もいますが、そうでない人もいます。よく働く人もいますし余り働かない人もいます。私たちは、どうしたら人の能力を最大限引き出せるか研究し、そして、目標に達成するための助けをすることができない人たちが必ずと言っていいほど存在するのはなぜなのか考えます。

それに対して、リーダーシップとは、人々が個人として、また、チームとしてその最大能力を発揮できるように支援することであり、勤勉さ、意欲、またチームビルディングを通じて、個人の能力を超えることさえあるのです。リーダーシップとは、優れた人材育成や、優れたマネージメント能力以上のものです。それは、人々が、何が得意なのか見つけ出し、その分野で最善を出せるように助けることです。リーダーシップとは、適切な知識と能力、そして適切な態度を備えた人材を、適切な時に適切な場所に集めて、成功に導くことです。彼らの成功の副産物は、目標の達成であり、自らを他の人たちに再生産する人々です。

マネージメントは、ビジョンを達成するために必要な詳細や資源を扱います。誤解しないで欲しいのは、私たちには、優れたマネージャーが必要です。しかし、優れたリーダーシップのない優れたマネージャーが成功することは滅多にありません。なぜなら、マネージャーは、人々を引きつけることができないからです。それに引き換え、リーダーは、常に、人を自分の影響力の輪の中に引き込み、管理します。マネージャーは、多くの場合、人を集めなければなりません。リーダーは、リーダーとしてのライフスタイルによって自分の回りに集まって来る人たちの中から人を選びます。

リーダーシップとは、ビジョンとは何かを理解し、そして自分自身ビジョンを持つことであり、また、他の人々が、ビジョンを理解していない状態から、ビジョンを採用する人に移行するのを助ける能力を持つことです。ビジョンの伝道者として、リーダーは、人々がビジョンを達成する方法を知らない状態からビジョンを達成するために必要なステップを踏むことができるように支援します。リーダーは、自分に自信のない人から、自信を持って他の人を導く人に変わるように助けます。

マネージャーは、やるべき仕事と資源や人材の観点から成功、不成功を判断します。人を含む資源を課題や問題に投入し、組織が「プラス」をどう定義しようとも、プラスとなる結果を出すことに長けています。成功するマネージメントとは、課題を達成するために資源を最小限に抑えることであり、資源の支出と、課題達成による利益との間のマージンが、しばしば優れたマネージメントの尺度となります。言い換えれば、マネージメントは、組織にとってプラスの結果を生み出すためのものです。企業にとって、それは儲けです。学校で言えば、成功した卒業生です。主の働きで言えば、それは、主に仕えている人たちです。政治家や政党にとっては、政権を取り、それを保持することです。クラブにとっては、クラブの価値観を他の人が受け入れそれを広めることです。

しかし、リーダーシップは、人の成長という観点から成功が測られます。リーダーは、能力のある人を見抜き、その能力を発揮させ、さらにそれを超えるように助けます。多くの場合、優れたリーダーは、自分よりもさらに優れた人を生み出します。また、優れたリーダーは、互いに補い合い、磨き合うリーダーの候補のチームを導きます。優れたリーダーには、チームをまとめる能力があります。その過程で、それぞれのチームメンバーは、他者と接することによって、また、学習者からリーダーへと成長することによって、学び、成長します。

優れたマネージャーを見つけるのは、簡単です。彼らがもたらす益は、最終成果において明らかになります。その最終成果とは、高品質の生産物、従業員へのサービスの向上、高利益、組織の成長です。

しかし、優れたリーダーを見つけ出すことは、はるかに困難です。ダイヤモンドの原石のような人たちを探し出し、不屈な愛と努力と励ましによって、リーダーシップとマネージメント能力を兼ね備えた熟練したリーダーを生み出す人を探すのです。優れたリーダーにとっての栄光とは、他人の成功にあります。優れたリーダーは、使命を達成するために「ボス」になる必要はありません。むしろ、影響力を通じて働き、通常、管理責任を持つ人が組織にとって力となるように導いていきます。

マネージャーは、しばしば、物事が一定のやり方でなされるべきだと主張します。彼らは、常に手順を気にします。マネージャーは、ミスを最小限に抑え、利益を最大化する効果的なシステムと手順に焦点を当てます。

しかし、優れたリーダーは、失敗の繰り返しを最小限に押さえるにはどうすべきかを学びながら、育っていきます。そのためにはミスに焦点を当てるではなく、ミスから何を学ぶことができるかに焦点を当て、ミスを繰り返さないようにします。優れたリーダーは、まず自分自身が学習者であり、同時に、他人が学習者になるように動機付ける能力を持っています。学習者は、能動的で、自分の能力を高めるために、自分から進んで情報や技能を追い求めますが、学生は、受動的で、状況や、他者から学ぶように強制されるのを待ちます。学生は、自分の能力を発揮できませんが、学習者は、しばしば、自分の能力を高めるための方法を見つけます。

リーダーは、何でできている？

私（デービッド）は、三十年以上にわたってリーダーを発掘し、育成する仕事に携わってきました。この間、自分には、誰が良いリーダーになるかどうか判断する資格はないと思ってきました。経験上、優秀なリーダーになれそうな人が、決してリーダーに成長しない人がいることを知っています。また、何度も、リーダーとして見送られた人が、最終的にリーダーとしてのチャンスを与えられたとき、とてつもないリーダーとして開花した人も見てきました。第一印象でリーダーが決まるわけではありません。

今日、多くの人が、リーダーシップは、人格だと断言しています。確かに、クリスチャンリーダーにとって人格は不可欠な要素です。でも、私たちは、性格の悪いリーダーも、良いリーダーも知っています。誤解しないでいただきたいのは、リーダーは、卓越した人格を持つべきです。でも、人格だけで、リーダーを定義することはできません。

訓練と教育を受ければ、優れたリーダーが育つと考える人がいますが、そうではありません。訓練と教育は、リーダーが、さらに上のレベルに移行するために必要なツールです。しかし、私たちは、文盲でありながら、何千という人々を導いていくことができる極めて有能なリーダーを知っています。つまり、訓練と教育が、リーダーを定義するのではありません。

もう一つの学派は、優れたリーダーは、生まれながらにしてリーダーであると主張します。これは、リーダーシップは、遺伝的なものであり、リーダーシップに秀でるのは、選ばれた少数の人間だけだということを意味しています。もしこれが本当なら、世界は大変なことになります。私たちは、人生のあらゆる分野で何百万人というリーダーを必要としています。もし、リーダーが生まれながらにして指導者であるならば、将来の計画を立てることも、潜在的なリーダーを見極めることもできなくなります。

では、何がリーダーを定義するのでしょう。優れたリーダーを生み出す方程式があるのでしょうか。いいえ、公式はありませんが、処方箋はあります。パウロは、テモテへの手紙第二2章2節で「多くの証人たちの前で私から聞いたことを、ほかの人にも教える力のある信頼できる人たちに委ねなさい」と語っています。

真のリーダーは、より多くのリーダーを生み出します。彼らは、自分が、学んだことを伝える相手として信頼できる人たちを見定めます。このような信頼できる人は、他の人を教える資格があります。そして、それらの信頼できる人たちが、さらに信頼できる人を探し、次世代のリーダーとして育成していきます。

以下はリーダーとなるべき人が持つべき資質です。

1　彼らは、学習者です。学習者は、なすべきことを達成するために必要なものを継続的に手に入れる人々です。

2　彼らは、他人に任せることを知っている人です。委任する人たちは、やりがいのある仕事には、チームが必要であることを認識しています。また、他の人に仕事をさせる最善な方法は、仕事のやり方を示し、それをさせ、他の人に仕事を教えるように主張することだと理解しています。他人に委任することに長けている人たちは、自分が手を放すことによってリーダーシップの空白をつくり、潜在的なリーダーにチャンスを与えるならば、彼らがその空間を埋めることができることを知っているのです。

3　彼らは、人格を判断する能力に長けています。人格は、言ったことではなく、やったことよって判断されます。信頼できる人は、常に言ったことを実行し、その言っていることが正しく良いことです。信頼できる人格は、神の言葉に実際に従った結果として育ってくるものです。

4　彼らは、他の人を育てる素質のある人たちを選んで整えます。他の人を整える人たちは、他の人を整えることができるようになる人たちに自分の時間とエネルギーを使います。

ある人が、リーダーとしての素質があるかどうか判断するときに、その人について知っておくべきいくつかの事柄があります。

1　自分の仕事を達成するために現在何を学んでいるか。

2　現在取り組んでいる仕事は、チームで働く必要があるほど大きなものか。もしそうならば、その人は、どのようにチームを選び、どのようにチームを整えているか。

3　表明された信念や価値観は、個人的行動で示されているか。その人は、自分が言ったことを行っているか。

4　選んで整えている人たちは、他の人たちを整えることに携わっているか。

真のリーダーは、優れた人格を持ち、何を成し遂げるべきか、何をなすべきかを学び、新たな自己複製型リーダーを生み出すような方法で、他の人々を価値ある目的に従事させることができる信頼できる人々です。

弱さの中にこそ完全がある

リーダーシップセミナーで、チームワークに関してよく言われる言葉に、「最も弱いメンバーほど強くなれる」というものがあります。この言葉は、クリスチャンのリーダーシップセミナーでも聞かれるほどです。これは、ビジネス上のチームやスポーツのチームでは、正しいように見えますが、聖書や宣教のチーム編成の観点から見ると、現実とはほど遠いのです。すべてのチームが強いのは、最も弱いメンバーと協力し、成功を収めると能力があってこそなのです。これは、チームメンバー全員が優秀で、準備万端、やる気満々であっても同じことが言えます。

軍事的な衝突や、作戦行動において、一人が負傷して、戦闘不能になることがあります。その結果、彼は、隊にとって弱点になります。ここで、チームが試されるのは、チームに弱い部分があるかではなく、弱い部分があっても、そのチームが、任務を遂行し、結果を出すかどうかです。SDGs のスローガンにもなった戦争映画のタイトル（訳者補足）「誰も、後に残さない」という言葉は、単なる声明ではありません。どんな状況の中でも、任務を遂行し、弱くてゴールを達成することができなくなった人を必ず連れて帰るという自分たちの決意の表明なのです。これによって団結心（エスプリ・デュ・コー）が築きあげられ、男であれ女であれ、死に直面する激しい戦闘に直面しても、信じられないような偉業を成し遂げることができるのです。

軍隊は、弱者を淘汰するものだという人もいます。決してそうではありません。軍隊は、隊員すべてが、強さを求めて努力することを可能にし、それを実現する人たちが国境を守り、国に奉仕しているのです。たとえ、任務遂行中に倒れたり、隊が弱体化したとしても忘れられたり、無視されたりしてはなりません。弱い人たちを忘れることは、弱さへの道です。

個人が強くなる能力がない状況も確かにあります。そのような場合、別の場所で働く機会を受け入れる必要があります。なぜなら、そこには、別の人生があり、異なる条件を持つチームの中で、成功する可能性が与えられるからです。

チーム・リーダーとして、私たちは、自分たちの強さではなく、弱さを土台として、チームを編成します。自分に似たような人だけを集めても同じような弱点があり、確実に失敗します。自分の弱点に強みを持っているメンバーを補充するならば、成功する可能性を高めることができるのです。

成功するビジネス・チームには、さまざまな強みを持つ人々が必要です。全員が、会計士、マーケティングの専門家、エンジニアや、デザイナーになれるわけではありません。つまり、それぞれの人は、別の領域では弱さを持っていると言うことです。たとえ、各分野のトップテンに入る人たちと組んだとしても、目に見えない未知の弱点があるのです。

スポーツで成功するチームは、特定の分野で強みを持ったメンバーがいます。つまり、他の分野で弱さを持っていることです。野球のピッチャーのほとんどは、強い打者ではありません。アメリカン・フットボールのクォーターバックのほとんどは、強いディフェンスではありません。バスケットボールのセンターの多くは、三ポイント・シュートが得意ではありません。オールスター・チームでさえ、試合に負けます。二〇〇四年のＵＳＡオリンピック・バスケットボールのチームは、最強の選手を集めたチームだったにもかかわらず、一年間に、他の歴代のアメリカ・オリンピック・バスケットボール・チームが負けた全試合の合計よりも多くの試合に負けました。チームワークとは、チームメンバーの持つ力以上のものです。チームが強くなるために、チームメンバーが、互いの弱さをどのように補い合うかということです。

聖書の見方からすると、現代のチームをつくることの概念と比較して、いくつかの反証があります。**私たちは、弱い人たちが必要である**（Ｉコリント12章12～30節参照）。私は、病院や、老人ホーム、障害者施設、いわゆる障害を持つ人たちとの共同作業で、重要なビジネス会議やスポーツジム、スポーツイベントで学んだことよりも多くの人生の教訓を学びました。自分自身やチームメンバーの弱点を克服することで、私たちは、より創造的になります。どのような弱さも受け入れることで、違う視点で人生を見たり、問題を解決したりする機会を手に入れることができます。

キリストの力は、弱さのうちに完全なものとなる（IIコリント12章9～10節参照）。弱い者、また、私たち自身の弱さがなければ、キリストの力を見ることができません。弱さや、自分の弱さの中にこそ、キリストが現れ、私たちができなかったような変化をもたらしてくださることを見るのです。弱さの中での成功は、最終的な結果に対して私たちに責任がないことを明らかにします。

神は、地上の弱いもののうちに、ご自分を現すことを選ばれた（Iコリント1章27～29節参照）。私たちが誇ることができないように、神は地上の弱いものを通して働かれることを選ばれたのです。これは、強いものを恥ずかしめることであり、神なしに生きられるほど強い者はいないということを意味します。私たちがチームから弱者を排除する時、私たちは、チームから神の働き方を排除することになります。「でも、私たちは皆弱いです」と言う人もいるでしょう。確かに、その言葉の中に、真理がありますが、本当に、私たちが弱いものであると認め、神がその弱さを通して働いてくださることをどれだけ認めているでしょうか。

私たちには、弱い人を助ける責任がある（Iテサロニケ5章14節参照）。私たちは、弱い人を除け者にしたり、無視したりしてはならないのです。弱い人たちを助けるのです。もし、自分の強さの基準に合わないからと排除するなら、どうして他人が成長することを期待できるでしょうか。幼いころに拒絶された人たちが、成長するにつれて素晴らしいリーダーになるのを、私たちはどれほど見てきたことでしょう。私たちの働きを続けていくという目的のために、わたしたちは、倒れたり弱ったりした兄弟姉妹を何度避けてきたことでしょうか。私たちには、弱い立場の人の成長を助けるために、チームに迎え入れる責任があります。それは決してたやすいことではありませんが、弱い人たちにもこなせる仕事を割り当て、また、その人たちの持つ視点に耳を傾けるならば、すべての人たちにとって充実した働きをすることができます。実は、彼らの考えというのは、私たちが仕えようと思っている人の見方に近いかもしれません。チームは、自分たちのために存在するのではなく、神のみこころを行い、目標を達成し、神の国を拡大するために存在するのです。

私たちは、弱い人たちの失敗を受け入れなければなりません（ローマ15章1節参照）。私たちが、弱い人たちの失敗を受け入れることができる唯一の方法は、チームの一員とすることです。彼らを排除したり、無理やり遠ざけたり、単純に無視したりしたその瞬間、私たちは、弱い人たちの失敗に耐えることができなくなってしまうのです。私たちがこのような行動をする時、愛と従順において失敗者になってしまいます。

弟子を育てるチームは、ビジネスの世界の哲学に基づいて作られるべきではありません。私たちのチームは、キリストの体を立て上げる聖書の原則の上に作られなければなりません。私たちがどのように物事を行うかは、少なくとも何をするかと同じくらい重要です。聖書の原則から外れている、不道徳で、非倫理的なやり方は、たとえこの世の基準で成功したとしても、私たちを失敗者にしてしまいます。

正しいことを評価する

多くのリーダーたちは、内外に、成功と言えることだけを評価します。内部的な成功を伝えることは、組織が望むことを達成したことを人々に知らせることで、士気を高めることになります。また、外部的な成功を伝えることで、有権者や支援者たちの忠誠心を高め、組織を存続させます。内部や外部の成功は、確かに戦略的なものです。戦略的要素が、壊れたり、欠けたりした場合、戦略自体を大きく頓挫させたり失敗させたりするものです。つまり、内的成功も外的成功も戦略的でありうるのですが、戦略的要素はそれだけではありません。最も優秀で幸せな従業員と、世界中のあらゆる資金を持つことができても、適切な計画を持った適切なリーダーが、適切な方法で、適切な目的のために、適切なことをしなければ、戦略は、失敗します。

ほとんどの複雑な戦略には、数多くの戦略的要素があります。**イエスの大いなる命令**[*]と**大宣教命令**を真剣に受け止める自己増殖する弟子、リーダー、グループ、教会を生み出す弟子づくりにおいて、戦略的要素や重要な要素は、三つのグループに分けられます。それらは、「神の国の要素」、「戦略的要素」そして、「指導的要素」です。この本においては、弟子を育てる運動を始めるのに必要な七つの戦略的要素と、それに続く手段について焦点をあてます。以下は、弟子を育てる運動を開始し、維持するための戦略的要素のリストです。もし、この中の一つでも欠けていたら、神の国の目的を達成することは非常に困難になります。

＊注：マタイの福音書22章35～40節などでイエスが示された最も偉大な二つの戒め

神の国の要素は、次のようです。

祈り：浸透していく祈りは、すべての主の働きの原点す。私たちは、神のみこころを知り、神の働きに加わらなければなりません。

聖書：聖書は、すべての教えや説教の土台であり、源です。聖書は、原則を導き、その原則が実践を導き出します。

弟子：私たちは、回心者ではなく、弟子を作るべきです。回心者は、宗教活動に焦点を当てますが、弟子は、イエスとその教えに対する従順さに焦点を当てます。

従順：教理にではなく、みことばに従順であることを教えます。教理とは、聖書から取った教会の教えであり、教会の歴史的な慣習です。極めて釈義的であり、聖書全体から熟慮されているとは限りません。

信者の共同体（教会）：新しく信じた者たちをディスカバリー・グループに編成し、聖書外の慣習や信条をできるだけ少なくして、家庭や地域を変革する信者の共同体（教会）になるようにします。

みことばと聖霊の権威：聖書と聖霊の権威があれば、自己増殖する弟子、リーダー、また、教会を建て上げることができます。教会を建て上げる働きは、みことばと聖霊に従順な人たちを通してなされる神のみ業です。

迫害：迫害は、キリスト者であることの一部です。パイオニア的な働きにおいては、予測されたことであり、どう対応すべきかは、訓練されます。

霊的戦い：福音が伝えられたことのない地域や、伝統的な宗教が長く支配してきた地域では、弟子を育てる活動に従事する人たちが迷惑行為を受けたり、命の危険に遭うなど、霊的な葛藤に直面することは珍しくありません。
犠牲：弟子を育てる人たちは、イエスの大いなる命令と**大宣教命令**を達成するために、安全や快適さを犠牲にする覚悟が必要です。

戦略的要素は、次のようなものがあります。
グループ：グループあるいは共同体は、より早く学び、より多くのことを記憶し、また、より良く覚え、より早く増殖し、正しく確立されたとき、異端や悪いリーダーシップから守られます。
計画的・意図的である：計画を立て、計画を実行します。奉仕、祈り、聖書を読むこと、そして、弟子を育てることを意図的に行います。
奉仕する：教会が、聖書の命令に従ってミニストリーとも呼ばれる奉仕活動をすることは、弟子を育てる働きにドアを開き、地域社会の変革へとつながります。ミニストリーは伝道に先行し、伝道は、常にミニストリーの望ましい結果です。特に抵抗の強い社会では、タイミングが重要であり、必要です。
平和の子：平和の子、また、ディスカバリー・グループや証しができるような既存の人間関係から始めましょう。
同居世帯、家族、小グループ：個人にではなく、同居世帯、家族、小グループに焦点を置きます。同居世帯とは、家族として共に生活し、関わりを持つ血縁関係のない人たちを指します。

宣教：宣教とは、神を知らなかった人々が、イエス・キリストを通して神を愛する者になるために、**平和の子**と同居世帯、家族、小グループの人たちを招いて神の言葉を学ぶように誘うことです。弟子を育てる人たちは、宣教活動を通じて神の国を拡大していきます。用いられる主たる方法は、成熟した信者との関係によってイエスの弟子を育てるディスカバリー・グループです。このグループは、弟子を育てるのであって、回心者をもたらすものではありません。

増殖する：弟子、リーダー、グループ、そして教会を増殖することは、グループDNAの一部となります。

アウトリーチ（宣教）：イエスの大いなる命令と**大宣教命令**に従順に従って、社会のあらゆる層に宣教していくことがグループのDNAの一部となります。

地域の文化を贖う（地域文化を受容する）：外的な文化を輸入するのではなく、むしろ、地域文化の中で聖書的に受け入れられることはすべて受け入れ、みことばへの従順が残りを購うことによって、地域の文化を贖います。

リーダーシップの要素としては、次のようなものがあります。

内部リーダー：すべての事柄が、内部リーダーによって再生産され、内部リーダーによって指導されるようにします。

外部リーダー：外部リーダーの役割は、見本となり、整え、見守り、そして、去ります。外部リーダーは、新しい概念を導入し、内部リーダーは、それを自分たちの共同体の文脈に適用させます。

経済的に自立したリーダー：経済的に自立している地域のリーダーは、グループ、交わり、教会の運営に関わることも含めたすべての働きを始め、維持していきます。経済的に自立しているという意味は、そのリーダーは、仕事をしているか、自分のビジネスを持っているということかも知れません。これにより、聖職者とレイマンの間の非聖書的な障壁を取り除きます。

教育：教育は、教えることを通じて知識を増やします。知識に焦点を当てます。

トレーニング：トレーニングは、指導（コーチング）によって経験に基づく技能を高めます。仕事と働き人の行動や性格に焦点を当てます。

技術や能力を備えさせる：メンターとの関係を通じて能力を高めます。個人に焦点を当て、個人が神が召された通りの存在になるのを助けます。

私たちの戦略的要素において神の国の成功につながるに評価の基準が合っているか確認しなければなりません。評価していることが何であるか、きちんと決定し、査定することで、本当に行きたいところに行き着くことができるのです。あなたのチームは、あなたが評価することを実行します。ですから、神の国に到達できないことをあなたが評価するならば、決して神の国の目標に到達することはありません。ほとんどの組織は、数値目標を達成したかどうかということでしか評価しません。数値目標とは、聖書を何冊配布したとか、何人の人に福音を宣べ伝えたかとか、回心者の人数、受礼者数、開拓した教会数、新しく働きを始めた場所の数、育てたリーダーの数、など簡単に数えることができる目標です。もし、数えることができるのであれば、それは、ほぼ間違いなく数値目標です。

しかし、神の国の目標のすべてが数えられる訳ではありません。質的なものもあります。弟子を育てることは、質的な目標で数えることは難しいですが、神の国の目標を達成するために絶対に不可欠なことです。従順さは、質的な目標です。これらは、神の国の目標を達成するのに、重要で不可欠です。

神の国の指標

神の国の指標とは、聖書の中に啓示された神の期待によって私たちの働きを評価するために用いるものです。神の国の指標は、私たちが行うことを神がどう評価するかを理解するのを助けます。それによって、私たちは、神が期待しておられることを達成していくために何をするべきか、何をすべきでないかを知って、戦略や計画を立てることができます。主の弟子として、私たちは、みことばに示されている神に対して従順でなければなりません。リーダーとして、私たちの組織や奉仕の働きが、聖書全体に照らしてすべて従順であるかどうか確かめるべきです。また、このすべての過程において聖霊が関わっておられ、それぞれの働きは全体の一部であり、私たちは、ぼんやりしか見てはいませんが、神は、はっきり見ておられることを理解しています。それぞれの働きは、聖書を土台として一つであっても、焦点とするところは異なっても良いのです。例えば、奉仕の働きは、貧しい人たちを養ったり、癒したり、教育や伝道などその他何でもかまいません。しかし、聖書のある箇所に従って活動をすることがあっても、常に聖書全体を意識して、大局的に見てそれに当てはまるように努力するべきです。もし、私たちが神の国の指標を大切にするならば、私たちは次のような事柄に気づきます。

◆神の国の指標とは、神の国の目的（神のみこころを行うこと）についてです。
◆神の国の指標とは、神が私たちを評価する測りで、私たちの働きを評価することです。
◆神の国の指標とは、神学的、教理的、教派的、教会的、文化的な偏りに関係なく、神の言葉に従こと、そして、神の言葉に従うように他の人々を教えることです。
◆神の国の指標とは、個人、教派、教会、組織の目的や目標よりも、イエスの大いなる命令と**大宣教命令**を優先することです。
◆神の国の指標とは、神がすべての民を通して働かれることによってのみ達成できる変革的なものです。

もし、私たちの計画の中に神の国の指標を用いないならば、神の国の目的を達成することができないでしょう。以下は、私たちが組織の仕事ではなく、神の国の働きに携わっているかどうかを判断するのための質問です。

◆その働きは、聖書のみに基づくものか、それとも、教義に基づくものか
◆その働きは、主に従うことに基づくものか、洞察に基づくものか、それとも、知識に基づくものか。（従順ベー

スと知識ベースについては、すでに馴染みのある言葉でしょう。洞察ベースに基づくものは、聖書の深いところの意味まで洞察することを目的としているが、洞察が目的であれば、従順につながらないかも知れません。ほとんどの聖書注解者は、洞察に基づいています。）

◆その働きは、キリストの体全体に関わっているか。
◆その働きは、私たちの個人的、組織的な利益よりもキリストの体全体を優先しているか。
◆その働きは、私たちの団体や組織とは関係のない人々にも影響を与え利益をもたらしているか。
◆その働きは、見返りを期待せずに他人を助けているか。
◆その働きは、あらゆる層のすべての人に福音を届ける働きになっているか。
◆その働きは、弟子を育てることを通して宣教や教会建設につながっているか。また、弟子を育てることが主なる焦点となっているか。
◆その働きは、たとえ、初期段階であっても、他の人たちが働きを再生産させることができるか。
◆その働きは、自然と生まれてくる内部リーダーたちによって設立されたか。
◆その働きの方法論が、弟子、ディスカバリー・グループ、教会など新しいユニットを増やしていくことに焦点を置いているか。
◆その働きの方法論が、新しい地域、都市、国家、部族などに拡大することに焦点を置いているか（焦点は、失われた人たち）。それとも、私たちの教会や教団が成長することを願っているか（焦点は、自分たち）。

◆その働きは、他の活動に関係なく、失われた人に福音を届けることを優先しているか。
◆その働きは、共同体の変革に取り組んでいるか。

神の国のたとえ話は、神の国の指標（神が私たちを評価すること）についてある洞察を与えてくれます。

種まきと土地の譬え（マタイ13章1～23節）：福音は、すべての土壌に蒔かれなければなりませんが、実をならせるのは四つの土壌のうち一つだけです。すべての人が、神の言葉に同じように反応するわけではありませんが、すべての人が福音に触れることになります。

麦と毒麦（マタイ13章24～30節、36～43節）：サタンは、神の働きを弱体化させようと最善を尽くします。神は、この時代の終わりまでこのことに対処されません。

からし種とパン種（マタイ13章31～33節）：神の国の働きは、信じられないほどの成長と発展をもたらします。

隠された宝と高価な真珠（マタイ13章44～46節）：神の国は、私たちが所有するすべてのものの価値があります。偶然神の国を発見する人もいれば、積極的に探す人もいます。

地引き網（マタイ13章47～50節）：悪い者にもと正しい者にも裁きが行われます。良い知らせと悪い知らせの両方が、私たちのメッセージの一部である必要があります。私たちの働きは両方を含まなければなりません。悪が私たちの働きに潜入してくることを、私たちは理解する必要があります。

一家の主人（マタイ13章51～52節）：神の国に属する人は、旧約聖書と新約聖書の両方を大切にし、両方を保存し、

増やし、教える責任を持っています。（律法学者の責任）

無慈悲なしもべ（マタイ18章21～35節）：赦さない心は、神の国にはない。

ぶどう畑での働き人（マタイ18章1～16節）：福音に感謝して応答し、神の国の一員として自分に与えられた時間の中で忠実に働くすべての人は、彼らがいつ応答したかに関係なく、同じ報いを受けます。

二人の息子（マタイ21章28～32節）：神の国は、「言う人」ではなく「行う人」で満たされます。従順とは、神の憐れみに対する私たちの愛の応答です。（マタイ7章21～23節、マタイ28章20節、ヨハネ14章15節、21節、23節、15章10節、14節、Iコリント7章19節、Iヨハネ2章3～4節参照）

悪いぶどう園の農夫たち（マタイ21章33～46節）：神の国は、宗教指導者たちの手から奪われます。神の預言者たちは、御子を拒み、実を結びません。御子受け入れ、実を結ぶ者には与えられるのです。（神の国の一員となる特権を得た者の責任については、ルカ12章48節を参照）

婚宴（マタイ22章1～14節）：神の国は、神の招き（神の恵み）を正しく感謝して受けとめ、その宴会に参加する人々のためのものです。

十人のおとめ（マタイ25章1～13節）：神の国は、主の再臨に備え、見張っている人々のためのものです。

三人のしもべ（タレントのたとえ話）（マタイ25章14～30節）：神の国は、主が再臨されるときに、自分の能力の限界まで生産的であると認められる人々のためのものです。

羊とやぎ（マタイ25章13～46節）：神の国は、社会の中で貧しい人や、困っている人を無私の心で助ける人々のためのものです。

成長する種（マルコ４章26〜29節）：神の国は、神ご自身と主と共に働く人々によって成り立っています、成長は、神から来るものですが、私たちは働かなければなりません。

失われた大切なもの（ルカ15章）：イエスが語られたもう一つのたとえ話も、神の国の指標とは何かを知るための洞察を与えてくれます。ルカの福音書15章では、「失われた羊」、「失われた銀貨」、「失われた息子（放蕩息子）」という、失われたものに関する三つのたとえ話が出てきます。これらのたとえ話から、私たちは、神がすべての羊を愛しておられることがわかります。しかし、神は、神の被造物を一まとめにして愛するという集団的な愛ではなく、失われた人を一人ひとり探し、その帰還を祝福する個人的な愛なのです。イエスは、失われた人のために死なれ、失われた人のために示された神の愛は、同時に私たちの模範なのです。

神の国の指標は、私たちが、神の言葉に応答して、行動し、語り、考え、あるいは行わないことすべてに神が計画と意図を持っておられるという理解から生まれます。私たちが、神の国を考えることなく、個人的な生活や組織の中での生活を送っていると、私たちは、神と歩調を合わせることができず、神に従うことに関して、私たちの働きは、神に従うという点で、行き当たりばったりになってしまいます。神の国の指標は、私たちが、神とのパートナーシップがどのようなものか理解しようとしていることを保証します。私たちは、神が何を望んでおられるかを第一に考え、その文脈の中で、個人や組織の活動を計画します。

私たちは、神の国の指標をから始めることを怠ると、神が私たちに何を望んでおられることを見逃してしまう危険があります。すなわち、神が被造物のために計画されたことに参与することができなくなるのです。次のような質問を自分に問いかける必要があります。

◆神は、私たちに何を期待しているのか。
◆私たちがしていること、あるいは計画していることはすべての神のご計画の中に入っているだろうか。
◆もっと神の国の心を持つために、私たちは何を変える必要があるのか。

疑いへの対処の仕方

私たちが指導するときに抱く最大の疑問は、「自分は、正しい道を進んでいるのだろうか」ということです。私たちは皆、時間をかけて祈り、計画を立てます。しかし、私たちが下した決断や、人々を導いてきた方向が間違っていたり、自分が本当に望んでいた方向から逸脱していることに気づいたことがあるでしょう。私たちが、道を切り開いて行く時、道を間違えたり、間違いを犯したり、時には、罪を犯すこともあるでしょう。

数年前の夏、私たちの同僚二人が、信じられないことをしました。彼らは、他の家族二人と共に、メイン州からアラスカまでの一二八〇〇km《キロ》の北西航路を、長さがたった一四m《メートル》のボートで走破したのです。全長一八m《メートル》以下の個人所有のモーターボートで、この経路を砕氷船の支援なしに走破したのは、彼らが初めてでした。このことを考えると、エベレストの頂上に成功した人の数は、北西航路をあらゆる種類のボートで通過した人の数より多いことになります。

この勇敢なチームが後で語った事の一つが、流氷の中を進むことでした。見張り役がボートのパイロットに指示を出すのですが、時に、行き止まりにぶつかることもありました。海の流れや風の影響で流氷の形が変わり、外洋に出るまで新たに開けた水路を通って予定のルートを通るしかありませんでした。北極に近いため彼らのナビゲーション機器は正確に機能しないこともありました。でも、彼らは、旅を完了するために正しいルートを探し続けるしかないかったのです。諦めることは、死ぬことでした。

私たちリーダーも、道を間違ったからといって、指導を止めるわけにはいきません。私たちは、自分の罪や間違いを告白し、チームを再編成し、意見を求め、手持ちの情報をもとに進むべき最善の方向を決めます。そして、計画を立て、チームを再教育し、資金を確保し正しい方向に向かって進み始めなければならないのです。私たちは、祈りと聖霊の導きによって神に信頼しますが、導くことを止めず、聞くことを止めず、前に向かって動くことを止めません。

リーダーシップは、個人的な失敗、個人的な痛み、個人的な偏見、そして、部下の失敗を乗り越えていくことが必要です。影響力を持つリーダーは、機が熟すのを待つ忍耐力を持ち、目標がずれている時には助言をし、必要な時にはその場を立ち去ります。私たちがしていることは、神の国の建設のためであって、私たち個人の王国を築き上げることではありません。その結果は、一時的なものではなく永遠に続くものです。私たちは、他人に裁かれるのではなく、神によって裁かれるのです。

ですから、もしあなたがリーダーになろうとするなら、従順さ、愛、奉仕、模範的な生き方、勇気、適応力などが求められます。また、リーダーとして、厳しい決断を下し、間違いを犯すことも理解しなければなりません。

偉大なリーダーと優れたリーダーを区別するものは、

◆神への従順さ
◆卓越性への努力
◆奉仕における謙虚さ
◆ビジョンへの献身
◆成功への決意
◆リスクを負うことをいとわない意志
◆許す能力
◆変わる勇気
◆学ぶ意欲
◆弱点を補うためチームの一員として働くよう導く能力
◆戦略を練り、計画を実行する能力
◆リーダーを育てる能力
◆決して諦めない決意

第十八章　メンタリング

（＊指導とも訳せるが、メンタリングを**指導**と訳すと意味が広がってしまう。**メンター指導する人**と**メンティ指導される人**の個人的な関係を通じての指導のことである。詳細は265頁参照。訳者注）

数年前、シティ・チームは、入国が制限されていた国のある団体とパートナーシップを結びました。この団体は、弟子を育てる運動がその国を席巻する勢いで広がることを願っていましたが、どのように始めたらいいのか分かりませんでした。

そこで、彼らは、数人のリーダーを私たちが運営する研修会に送ってきました。そのうちの一人のリーダーは、特にこの運動に深く傾倒し、帰国してから、既存のネットワーク全体に適用していきました。彼は、その地域全体の村々で、ディスカバリー・グループを発足させました。これらのグループは、数倍に増えていき、だれもが夢中になり、このリーダーは、その地域での弟子を育てる運動と教会建設の期待の星となりました。

ところがその後、私たちを不安にさせることを耳にするようになりました。ある若い女性が、その若いリーダーが、自分に対して不適切な行為をしていると名乗り出たのです。私たちは、すぐに調査しました。残念なことに、調査の結果、そのリーダーは、自分の立場を利用して複数のグループで、若い女性たちにいかがわしい行為をしていたことが判明しました。私たちは、その若いリーダーを懲戒処分にしましたが、そのグループは、そのリーダーの裏切り行為から立ち直ることはありませんでした。その地域での教会建設は、かなり長い間、後退を余儀なくされました。

一体何が悪かったのか、私たちは長い間考えました。私たちは、その青年が弟子づくりを成功させるための必要な知識をすべて与えました。そして、一定の期間、彼の働きは非常にうまくいきました。しかし、知識の伝達は、弟子を育てることではありません。この青年の人生のすべての領域で、彼を弟子として育てることに、私たちは失敗したのです。その結果、当初は小さな性格的欠陥であったものが、やがて、ミニストリーを終わらせ、人生を打ち砕くような問題となることを、私たちは、拾い上げることができなかったのです。私たちは、メンタリングに失敗し、その結果は、悲惨なものでした。

弟子を育てる人を育成する

現代の教会で、「弟子訓練」と呼ばれてきた弟子の育成は、新しい信者が教会の聖書的、歴史的慣習を理解できるようにするための教育プログラムです。たとえ、厳格な聖書主義の教材であっても、強調点は、神の言葉を知ることで、みことばに従うようにという勧めはあるものの、実際の信徒の行動を変えているかどうかを見るために必要な人間関係については言及されていません。人々は、何が正しいか知ってさえいれば、正しいことを行うものだという誤解があります。経験上、そうではないにも関わらず、私たちは、あたかもこれが正しいかのように振る舞っています。

しかし、「弟子育成」の根本は、イエスとの関係です。それによって、私たちの心、考え、行動が、主が教え、主が命じられた姿に変えられることです。弟子たちは、互いに、成熟したキリスト者と新しいキリスト者との間の人間関係を通じて、個人的にも、集団的にも成長します。弟子となる関係は、人生のあらゆる場面において、家族、地域社会、企業、政府におけるあらゆる人間関係に、肯定的な影響を与えます。

弟子育成の過程で、情報を伝えることは不可欠ですが、最も重要なことではありません。弟子たちは、主が要求することを知っているだけでなく、結果がどうであれ、どんな状況の中でも、主人が要求することを実行するのです。確かに、私たちが直面するすべての状況が、聖書の中に書かれているわけではありませんが、弟子たちが日々の生活に適用するための原則は、すべてそこにあります。聖書の原則を理解し、神のみこころを知ることは、弟子育成の過程においてきわめて重要です。

新しい信者やまだ信じていない人々にとって、原理原則を理解し、自分たちの置かれたさまざまな状況に適用するのは、困難です。彼らには、成熟した弟子たちの影響が必要なのです。成熟した弟子たちと人生のどのような局面でも話し合うことができ、問題点や罪を処理し、知恵が知識にとって代わるように、経験を通して成長することができます。(知恵とは、正しいことをするために知っていることを用いることです。知恵は知識を必要とするけれども、知識は必ずしも知恵を必要としません。)

メンタリングとは、関係者全員が弟子として成長するための、他者との意図的な関係であり、知識から知恵に変えていくプロセスのことです。弟子育成におけるメンターとは、新しい信者（メンティ）が、聖書を学び、聖書が要求する狭い道を歩むのを手助けします。成熟した信者は、自分自身弟子として成長するために、メンターになる必要があります。

弟子育成のためのメンタリングの関係は、お互いが一緒に弟子として成長するためにとても有効なwin-winの関係です。未信者や、新しい信者にとって、自分たちの人生において、成熟した模範となる人がいて、彼らに投資し、責任を負わせることができます。一方、成熟した信者は、難しい質問を投げかけ、自分自身の信仰がどうであるか挑戦する人を人生の中に持つことで、人生を学び、完成を目指して成長する人になります。

このような関係が教会に存在しなくなった瞬間、教会のメンバーはお互いにマイナスな結果を生んでしまいます。未信者や新しい信者は、従うべき模範がなく成熟した信者が弟子となるために援助してくれません。成熟した信者は、自分の人生を注ぎ込む相手がいません。また、お互いの歩みの説明責任を果たす相手がいないので、結果的に、彼らは成長が止まったり、成長できなかったりします。

すべての信者は、他人をメンタリングで指導すると同時に、自分もメンタリングで指導を受けるべきです。弟子育成が成熟するにつれて、メンタリングの関係が、互いに学び合い、互いに励まし合う対等な関係になっていくのがわかってきます。そして、二人で一緒に、主への従順と成熟の極みをめざして励まし合うお互いになるのです。

メンタリングによる弟子育成の関係においては、神との関係、家族との関係、地域社会との関係、教会との関係、仕事との関係、さらには、精神的、霊的、情緒的、肉体的に成長している自分自身との関係など、人生のどの分野も、互いに立ち入ってはならないという制限は一切ありません。私たちは、弟子となる人の考え方や行動を明らかにするために、互いに質疑応答のプロセスを踏む必要があります。また、弟子の生活と弟子づくりの生活を確認するために、互いに個人的に関わる時間が十分なければなりません。言葉は良いのですが、言葉が行動に移されているかを見ることが、メンタリングの弟子育成関係において基礎となります。もし、弟子を育てる人が、新しい弟子の家を訪れたことがなかったり、知識習得の場所以外で新弟子と会うことがなかったりすれば、そこには、メンタリングの弟子育成の関係は成立しません。そこにあるのは、師弟関係でしかなく、知識は伝達されますが、弟子づくりの関係は促進されません。

メンタリングと弟子育成は、一体です。知識を伝えること以上に、人間関係と相互説明責任がどうしても必要です。この関係によって正しい選択と正しい行いをするようになり、聖書の知識がみことばに生きる知恵へと変えられていきます。聖書は、このように語っています。

みことばを行う人になりなさい。自分を欺いて、ただ聞くだけの者となってはいけません。みことばを聞いても行わない人がいるなら、その人は自分の生まれつきの顔を鏡で眺める人のようです。眺めても、そこを離れると、自分がどのようであったか、すぐに忘れてしまいます。しかし、自由をもたらす完全な律法を一心に見つめて、それから離れない人は、すぐに忘れる聞き手にはならず、実際に行う人になります。こういう人は、その行いによって祝福されます。（ヤコブ1章22～25節）

私がこれらのことを書くのは、あなたがたに恥ずかしい思いをさせるためではなく、私の愛する子どもとして諭すためです。たとえあなたがたにキリストにある養育係が一万人いても、父親が大勢いるわけではありません。この私が、福音により、キリスト・イエスにあって、あなたがたを生んだのです。ですから、あなたがたに勧めます。私に倣う者となってください。そのために、私はあなたがたのところにテモテを送りました。テモテは、私が愛する、主にあって忠実な子です。彼は、あらゆるところのあらゆる教会で私が教えているとおりに、キリスト・イエスにある私の生き方を、あなたがたに思い起こさせてくれるでしょう。（Ⅰコリント4章14～17節）

神に愛されている兄弟たち。私たちは、あなたがたが神に選ばれていることを知っています。私たちの福音は、ことばだけでなく、力と聖霊と強い確信を伴って、あなたがたの間に届いたからです。あなたがたのところで、私たちがあなたがたのためにどのように行動していたかは、あなたがたが知っているとおりです。あなたがたも、多くの苦難の中で、聖霊による喜びをもってみことばを受け入れ、私たちに、そして主に倣う者になりました。その結果、あなたがたは、マケドニアとアカイアにいるすべての信者の模範になったのです。ことばがあなたがたのところから出て、マケドニアとアカイアに響き渡っただけでなく、神に対するあなたがたの信仰が、あらゆる場所に伝わっています。そのため、私たちは何も言う必要がありません。人々自身が私たちのことを知らせています。私たちがどのようにあなたがたに受け入れてもらったか、また、あなたがたがどのように偶像から神に立ち返って、生けるまことの神に仕えるようになり、御子が天から来られるのを待ち望むようになったかを、知らせているのです。この御子こそ、神が死者の中からよみがえらせた方、やがて来る御怒りから私たちを救い出してくださるイエスです。（Ｉテサロニケ１章４～10節）

神の言葉をあなたがたに話した指導者たちのことを、覚えていなさい。彼らの生き方から生まれたものをよく見て、その信仰に倣いなさい。イエス・キリストは、昨日も今日も、とこしえに変わることがありません。（ヘブル13章７～８節）

メンタリングによる弟子づくりの望ましい成果とは、弟子を育て、その弟子が、他の人を弟子として育て、教会を始め教会を始めるために他の人を指導でき、弟子育成運動を導いていく神に従う成熟した男女です。しかし、先に述べたように、弟子を育てることは、単なる仕事として「すること」ではなく、弟子を育てる人生を生きるライフスタイルなのです。そのためには、私たちがメンターとなる必要があり、メンタリングは、常に自分から始まります。

宗教指導者たちに対するイエスの最大限の非難は、マタイの福音書23章に書かれています。

「律法学者たちやパリサイ人たちはモーセの座に着いています。ですから、彼らがあなたがたに言うことはすべて実行し、守りなさい。しかし、彼らの行いをまねてはいけません。彼らは言うだけで実行しないからです。また彼らは、重くて負いきれない荷を束ねて人々の肩に載せるが、それを動かすのに自分は指一本貸そうともしません。

彼らがしている行いはすべて人に見せるためです。彼らは聖句を入れる小箱を大きくしたり、衣の房を長くしたりするのです。宴会では上座を、会堂では上席を好み、広場であいさつされること、人々から先生と呼ばれることが好きです。

しかし、あなたがたは先生と呼ばれてはいけません。あなたがたの教師はただ一人で、あなたがたはみな兄弟だからです。あなたがたは地上で、だれかを自分たちの父と呼んではいけません。あなたがたの父はただ一人、天におられる父だけです。また、師と呼ばれてはいけません。あなたがたの師はただ一人、キリストだけです。あなたがたのうちで一番偉い者は皆に仕える者になりなさい。だれでも、自分を高くする者は低くされ、自分を低くする者は高くされます。

わざわいだ、偽善の律法学者、パリサイ人。おまえたちは人々の前で天の御国を閉ざしている。おまえたち自身も入らず、入ろうとしている人々も入らせない。

わざわいだ、偽善の律法学者、パリサイ人。おまえたちは一人の改宗者を得るのに海と陸を巡り歩く。そして改宗者ができると、その人を自分より倍も悪いゲヘナの子にするのだ。

わざわいだ、目の見えない案内人たち。おまえたちは言っている。『だれでも神殿にかけて誓うのであれば、何の義務もない。しかし、神殿の黄金にかけて誓うのであれば、果たす義務がある。』愚かで目の見えない者たち。黄金と、その黄金を聖なるものにする神殿と、どちらが重要なのか。また、おまえたちは言っている。『だれでも祭壇にかけて誓うのであれば、何の義務もない。しかし、祭壇の上のささげ物にかけて誓うのであれば、果たす義務がある。』目の見えない者たち。ささげ物と、そのささげ物を聖なるものにする祭壇と、どちらが重要なのか。祭壇にかけて誓う者は、祭壇とその上にあるすべてのものにかけて誓っているのだ。また、神殿にかけて誓う者は、神殿とそこに住まわれる方にかけて誓っているのだ。天にかけて誓う者は、神の御座とそこに座しておられる方にかけて誓っているのだ。

わざわいだ、偽善の律法学者、パリサイ人。おまえたちはミント、イノンド、クミンの十分の一を納めているが、律法の中ではるかに重要なもの、正義とあわれみと誠実をおろそかにしている。十分の一もおろそかにしてはいけないが、これこそしなければならないことだ。目の見えない案内人たち。ブヨはこして除くのに、らくだは飲み込んでいる。

わざわいだ、偽善の律法学者、パリサイ人。おまえたちは杯や皿の外側はきよめるが、内側は強欲と放縦で満ちている。目の見えないパリサイ人。まず、杯の内側をきよめよ。そうすれば外側もきよくなる。

わざわいだ、偽善の律法学者、パリサイ人。おまえたちは白く塗った墓のようなものだ。外側は美しく見えても、内側は死人の骨やあらゆる汚れでいっぱいだ。同じように、おまえたちも外側は人に正しく見えても、内側は偽善と不法でいっぱいだ。

わざわいだ、偽善の律法学者、パリサイ人。おまえたちは預言者たちの墓を建て、義人たちの記念碑を飾って、こう言う。『もし私たちが先祖の時代に生きていたら、彼らの仲間になって預言者たちの血を流すということはなかっただろう。』こうして、自分たちが預言者を殺した者たちの子らであることを、自らに対して証言している。

蛇よ、まむしの子孫よ。おまえたちは、ゲヘナの刑罰をどうして逃れることができるだろうか。だから、見よ、わたしは預言者、知者、律法学者を遣わすが、おまえたちはそのうちのある者を殺し、十字架につけ、またある者を会堂でむち打ち、町から町へと迫害して回る。それは、義人アベルの血から、神殿と祭壇の間でおまえたちが殺した、バラキヤの子ザカリヤの血まで、地上で流される正しい人の血が、すべておまえたちに降りかかるようになるためだ。まことに、おまえたちに言う。これらの報いはすべて、この時代の上に降りかかる。

エルサレム、エルサレム。預言者たちを殺し、自分に遣わされた人たちを石で打つ者よ。わたしは何度、めんどりがひなを翼の下に集めるように、おまえの子らを集めようとしたことか。それなのに、おまえたちはそれを望まなかった。見よ。おまえたちの家は、荒れ果てたまま見捨てられる。わたしはおまえたちに言う。今から後、『祝福あれ、主の御名によって来られる方に』とおまえたちが言う時が来るまで、決しておまえたちがわたしを見ることはない。」

この箇所には、たくさんのことが書かれていますが、主なポイントは、宗教指導者たちが、自分たちが教えたことを実践していなかったということです。彼らの公の姿と個人的な生活は、聖書が命じていることと一致していなかったのです。

◆彼らは、自分たちが説いたことを実践しませんでした。
◆彼らは、人々を助ける代わりに重荷を追わせました。
◆彼らは、神のためにではなく、自分たち自身のためにしました。

◆彼らは、神の国の戸を開かずに閉じてしまいました。
◆彼らは、自分たちよりもひどい改宗者を生み出しました。
◆彼らは、彼らの誓いの原点を忘れました。
◆彼らは、規則をつくり、その規則を守らせる者になりましたが、正義、あわれみ、義についての律法の教えを無視しました。
◆彼らは、外側はよく見えましたが、内面は、汚く堕落していました。（白く塗られた墓は、見た目は良いが、巡礼者たちに、間違って墓に触れて過越の祭の時に、神殿に入る資格を失うことがないように警告するためのものであったのです。もし、墓に触れたら、礼拝する資格を失います。）
◆彼らは、触れたら確実に死ぬ毒蛇の血のように周りにいる人たちにとって非常に危険でした。

これらの警告は、私たち指導するものにも当てはまります。パリサイ人の罪に陥ることは、とても簡単です。私たちの地位、指導力、規則、失われた人々に神を代表し救われた人々を導くことは、私たちの神のしもべとしての生き方を見失わせる原因となり得るのです。神のしもべとは、自分を低くし、神の被造物に仕える時に、神が高めてくださる人のことです。

真のメンタリングは、メンターの心の中から始まります。メンタリングは、単に私たちが知っていることだけでなく私たちの経験やそこから学んだことが私たちをメンターとして形づくります。また、メンタリングは、私たちが避けるべきこと、しないと決断すること、また、公私にわたって、神や他の人々とどう関わっていくか選択することでもあるのです。

メンターは、生き方において一貫性を保つように努力します。彼らの一番の願いは、神を知り、神の民に仕えることです。彼らは冷静です。公の場での生き方と、個人の生き方が同じです。そして、「キリストの血によって贖われ、新しい命を歩むようによみがえらされた罪人」の生き方が、単なるスローガンではなく、メンターが考え、行動し、語るすべてにおいて浸透しているのです。

メンターは、贖われた罪人であり、日々そのことを自覚し、神の国と自分たちが仕えている人々の益となるためにキリストによって授けられた聖徒としての生き方を実践しています。もし、神がメンターと呼ばれる私たちのうちに働きかけてくださらないのであれば、私たちはメンターとなる根拠がありません。メンターは、完全であるということではなく、神のあわれみと恵みによって完全を目指しているということです。メンターは、何でも知っているということではありません。むしろ、苦労して得た経験を他の人と分かち合う学習者です。その人たちが経験している苦しみを少しでも軽くするという希望を持って仕えることです。メンタリングとは、努力して成長することにおいて長期的に活躍することではありません。むしろ、賢く、学んだ教訓を日常生活に応用し、自分のことよりも、他の人々のために役立てることができることなのです。

もし、メンターになりたければ、まず、自分から始めなければなりません。あなたが、学び、失敗し、悔い改め、それを、繰り返すうちに、他の人たちを巻き込んでいくのです。あなたの人生は、家族、旧友、新しい友人、さらに敵でさえも、他の人々の人生と絡みあっています。それぞれの人間関係には、潜在的に喜びと苦しみがあります。一瞬一瞬が、正しいか、間違っているか、あるいは何もしないか（これが最悪の決断かもしれないし、最悪の決断かもしれません）を選択する機会です。それぞれの仕事には、時には、自分が何をしているかに関係なく、成功することもあれば、失敗することもあります。

メンタリングとは、自分の人生を他の人と分かち合うことであって、それによって自分も、他者も神の国に仕えるより良い人間になれるようになるのです。メンターとして召命を受けることで、あらゆる状況や人間関係において最善を尽くすことが求められます。

メンタリングの価値

コア・バリュー（基本的価値観）とは、私たちが考え行動するための、基本的な立ち位置のことです。私たちがどのようなコア・バリューを持っているかは、私たちが、極度のストレスにさらされている時に、見えてきます。私たちは皆、ストレスにさらされているときには、多少なりとも手を抜きたいと思うものであり、そのような時には、お互いを多めに見る必要があります。極度のストレスの中で、私たちは、通常私たちのベストを引き出せません。むしろ、私たちは、そんな時コア・バリューのレベルで考え、反応します。コア・バリューは、紙に書いた素晴らしい考えや、望ましい行動のリストではありません。コア・バリューとは、過度に考える必要なく決断し、行動を駆り立てる私たちの今の姿そのものでです。ですから、ストレスにさらされ、考える時間やエネルギーがない時、私たちの考えること、言うこと、行うこと、また、考えないこと、言わないこと、また行わないことの選択の中に、コア・バリューが現れてくるのです。

私（デービッド）は、クリスチャンになったばかりの頃を覚えています。青年担当牧師が、私のメンターであり、私の言葉遣い（人に対する罵倒）について一緒に考えてくれました。ののしりの言葉を使うのを辞めた時、自分は成長したと感じましたが、メンターは、私が何を言ったかだけでなく、何を考えたかについて私に尋ねてきました。その時、初めて自分の考えについて取り組む必要があるとわかったのです。ある日のこと、いつもだったら、一連ののののしりの言葉で終わる出来事だったのに、私は、ののしるという考えさえも思い浮かびませんでした。すごい！　私は変わったなあと思いました。私の本質的な価値観が変わっていたのです。私は、さらにこのことについて取り組み続けました。ある日のこと、とてもストレスのかかる出来事があった時、自分のことではなく、他の人たちにとって何が最善かを考えていたのです。私は、キリストのようになるための一歩を踏み出したと感じました。

私は、完璧だとは言っていません。今でも、よく失敗します。でも、私は日々、自分の考え、発言、行動において、よりキリストに近い存在になるよう意図的に努力しています。これがクリスチャンとしての本質的な価値観です。パウロは、このように語っています。

しかし私は、自分にとって得であったこのようなすべてのものを、キリストのゆえに損と思うようになりました。それどころか、私の主であるキリスト・イエスを知っていることのすばらしさのゆえに、私はすべてを損と思っています。私はキリストのゆえにすべてを失いましたが、それらはちりあくただと考えています。それは、私がキリストを得て、キリストにある者と認められるようになるためです。私は律法による自分の義ではなく、キリストを信じることによる義、すなわち、信仰に基づいて神から与えられる義を持つのです。私は、キリストとその復活の力を知り、キリストの苦難にもあずかって、キリストの死と同じ状態になり、何とかして死者の中からの復活に達したいのです。

私は、すでに得たのでもなく、すでに完全にされているのでもありません。ただ捕らえようとして追求しているのです。そして、それを得るようにと、キリスト・イエスが私を捕らえてくださったのです。兄弟たち。私は、自分がすでに捕らえたなどと考えてはいません。ただ一つのこと、すなわち、うしろのものを忘れ、前のものに向かって身を伸ばし、キリスト・イエスにあって神が上に召してくださるという、その賞をいただくために、目標を目指して走っているのです。ですから、大人である人はみな、このように考えましょう。もしも、あなたがたが何か違う考え方をしているなら、そのことも神があなたがたに明らかにしてくださいます。ただし、私たちは到達したところを基準にして進むべきです。（ピリピ3章7～16節）

メンターは、その指導を受けているメンティたちが、生活のあらゆる領域がキリストに似た存在になるために彼らの核となっている価値観が変えられるように助けます。焦点は、その人たちの働きではなく、その人たち自身です。

もし、焦点が、働きにあるならば、私たちは、コーチでありメンターではありません。時にメンターは、コーチにならなければなりませんが、私たちの焦点は、働きではなく、人なのです。もし、焦点が、知識にあるならば、私たちは、教師でありメンターではありません。メンターが教えなければならない場合もありますが、焦点は、知識を与えることではなく人です。

メンターは、その人の人生のすべての分野に焦点を当てます。誰かの人生のすべての分野において影響を与えるためには、私たちは、その人の核となる価値観が、聖書的な視点に変えられるように助けることが必要です。

パウロがエペソの人々に語っていることを見てください。

ですから私は言います。主にあって厳かに勧めます。あなたがたはもはや、異邦人がむなしい心で歩んでいるように歩んではなりません。彼らは知性において暗くなり、彼らのうちにある無知と、頑なな心のゆえに、神のいのちから遠く離れています。無感覚になった彼らは、好色に身を任せて、あらゆる不潔な行いを貪るようになっています。

しかしあなたがたは、キリストをそのように学んだのではありません。ただし、本当にあなたがたがキリストについて聞き、キリストにあって教えられているとすれば、です。真理はイエスにあるのですから。その教えとは、あなたがたの以前の生活について言えば、人を欺く情欲によって腐敗していく古い人を、あなたがたが脱ぎ捨てること、また、あなたがたが霊と心において新しくされ続け、真理に基づく義と聖をもって、神にかたどり造られた新しい人を着ることでした。

ですから、あなたがたは偽りを捨て、それぞれ隣人に対して真実を語りなさい。私たちは互いに、からだの一部分なのです。怒っても、罪を犯してはなりません。憤ったままで日が暮れるようであってはいけません。悪魔に機会を与えないようにしなさい。盗みをしている者は、もう盗んではいけません。むしろ、困っている人に分け与えるため、自分の手で正しい仕事をし、労苦して働きなさい。

悪いことばを、いっさい口から出してはいけません。むしろ、必要な時に、人の成長に役立つことばを語り、聞く人に恵みを与えなさい。神の聖霊を悲しませてはいけません。あなたがたは、贖いの日のために、聖霊によって証印を押されているのです。無慈悲、憤り、怒り、怒号、ののしりなどを、一切の悪意とともに、すべて捨て去りなさい。互いに親切にし、優しい心で赦し合いなさい。神も、キリストにおいてあなたがたを赦してくださったのです。ですから、愛されている子どもらしく、神に倣う者となりなさい。また、愛のうちに歩みなさい。キリストも私たちを愛して、私たちのために、ご自分を神へのささげ物、またいけにえとし、芳ばしい香りを献げてくださいました。

あなたがたの間では、聖徒にふさわしく、淫らな行いも、どんな汚れも、また貪りも、口にすることさえしてはいけません。また、わいせつなことや、愚かなおしゃべり、下品な冗談もそうです。これらは、ふさわしくありません。むしろ、口にすべきは感謝のことばです。このことをよく知っておきなさい。淫らな者、汚れた者、貪る者は偶像礼拝者であって、こういう者はだれも、キリストと神との御国を受け継ぐことができません。だれにも空しいことばでだまされてはいけません。こういう行いのゆえに、神の怒りは不従順の子らに下るのです。ですから、彼らの仲間になってはいけません。

あなたがたは以前は闇でしたが、今は、主にあって光となりました。光の子どもとして歩みなさい。あらゆる善意と正義と真実のうちに、光は実を結ぶのです。何が主に喜ばれることなのかを吟味しなさい。実を結ばない暗闇のわざに加わらず、むしろ、それを明るみに出しなさい。彼らがひそかに行っていることは、口にするのも恥ずかしいことなのです。しかし、すべてのものは光によって明るみに引き出され、明らかにされます。明らかにされるものはみな光だからです。それで、こう言われています。「眠っている人よ、起きよ。死者の中から起き上がれ。そうすれば、キリストがあなたを照らされる。」

ですから、自分がどのように歩んでいるか、あなたがたは細かく注意を払いなさい。知恵のない者としてではなく、知恵のある者として、機会を十分に活かしなさい。悪い時代だからです。ですから、愚かにならないで、主のみこころが何であるかを悟りなさい。また、ぶどう酒に酔ってはいけません。そこには放蕩があるからです。むしろ、御霊に満たされなさい。詩と賛美と霊の歌をもって互いに語り合い、主に向かって心から賛美し、歌いなさい。いつでも、すべてのことについて、私たちの主イエス・キリストの名によって、父である神に感謝しなさい。（エペソ4章17節〜5章20節）

メンターは、その指導を受けているメンティが、すべての行動においてキリストに似た存在になることを助けます。

一、神との関係
二、家族や友人との関係
三、地域社会や教会との関係
四、人生における神の召命の成就
五、彼らの職業（どのように生きる糧を稼ぐか）
六、自分自身との関係（一般的な知識、仕事の技術、心の健康、感情的な健康、霊的な健康、身体的な健康など）

このレベルのメンタリングは、集会や研修会では、達成することができません。メンターと、その指導を受けているメンティの両方が、聖霊によって、あらゆる方向から迫られ、キリストのようになること、そして、自分の持つ価値観を調整して聖書の価値観に変えていくことを意味します。

メンティが同僚になるよう助ける

メンタリングは、双方向の関係であり、その中で、両者は、学び成長します。優れたメンターは、学習者であり、同時に他の人の発見を導くことで、すでに知っていたことや得ていたことを再発見し、またメンティと一緒に新しいことを発見し、喜びを感じながら学んでいきます。

変化が、メンタリングの関係を特徴づけます。メンタリングの目標は、メンティが、成長して他の人を弟子としてリーダーとして育てる人になることです。この目標を達成するためには、学習、成長、変化が必要です。実際のメンタリングの行為そのものが、メンターとだけでなく、メンティをも変化させ、成熟させます。メンティが、他の人をメンタリングするように励ますことが重要なのはこのためです。彼らが他の人にメンタリングをしない限り、弟子を育てるためのメンタリングの価値は限定的だと言わざるを得ません。

私たちは、メンティたちが、同時に積極的に他の人にメンタリングの指導をしなければならないという確固たるルールを持っています。サタンの主な攻撃の一つは、指導者に、自分の時間と労力をただ吸収するだけで見返りをしない人々を指導させることです。彼らは、学んだことを次の人に伝えようとしないので、成長することができないのです。メンターたちは、蛇のように聡くなければなりません。どこでサタンが攻撃しているか見分け、その状況を回避するのです。クリスチャン・リーダーに、成果を産まない人間関係に時間を使わせることは、神の国の働きにとって大きな損失となります。

メンタリングの関係は、時間と共に成熟します。少なくとも、最初のうちは、多くの指導と訓練がメンタリングのプロセスに含まれます。メンティが、レッスンを受け、スキルを実践するにつれて、他の人を教え、訓練することで、彼らのリーダーシップ能力が高まります（知識やスキルは人を教え、訓練して初めて身につくものです）。新しいリーダーを育てなければ、成長することができません。新しいリーダーを育てることは、メンターが自分についてより深く学ぶことにつながります。メンターは、メンティたちのリーダーシップの成長を観察し、その成長を助けることでリーダーとしてのあり方を学びます。

もし、メンタリングの関係がうまくいくならば、比較的短期間で、その関係がメンターとメンティの関係から、同労者の関係に移行していきます。この関係は、短くて一年、普通三年から五年の間に起こると言われています。もし、メンターとメンティの関係が五年以上続くようであれば、深刻な問題があることになります。多くの場合、これはメンタリングを受けているメンティが、他の人をメンタリングして育てていないことに原因があります。いつまでもその人が受ける人として留まっているからです。そして、これは、メンターが、リーダーを育てるのではなく、生徒を育てる時に起こります。

リーダーは、より多くのリーダーを育てます。リーダーが、より多くのリーダーを育てる時、その人は、早く成熟していきます。人を育てることは、成長するための優れた方法です。私たちが、多くの人を、指導すればするほど、新しい考え、解決しなければならない問題、学ぶための新しい機会、新しい人間関係、そして、学ぶべきより多くの成功や失敗にさらされることになります。

メンタリングのプロセスが適切であれば、メンターから同労者に変わっていく関係は、非常に早くなります。もし、メンターが、その移行のチャンスを頻繁に見失っているならば、自分がしているメンタリングの関係を見直さなければなりません。メンターは、自分の指導関係を評価するために、次のような質問をすべきです。

◆両者にメンタリング関係の概要を記した同意書があるか。(これは、正式に書かれた書類でなくても良いが、互いに理解しているべきです。)

◆メンティと私は、偉大なリーダーを生み出す人生のすべての領域をカバーしているか。(神、家族、地域、教会、同労者と他の人たちも含む関係において。また、神からの召命、仕事、自分や家族を経済的に支える方法、精神的、感情的、霊的、肉体的健康など）

◆私のメンティは、他の人を弟子として指導しているか。（メンターである私は、メンティの指導している人と会うべきです。）

◆私は、成功や失敗を含め、メンティから何を学んでいるか。（もし、メンターが、メンティから学ばないならば、何かが間違っている。）

◆メンタリングの関係によって、双方の人生に良い結果をもたらしているか。（この関係によって、双方がより良い人間になっているか。）

◆この関係は、成長し、変化しているか。

◆この関係とそこから生み出されてくる結果をさらに良くするために何ができるか、あるいは、何をしなければならないか。

◆私は、生徒を育てたのか、それとも、リーダーを育てたのか。（教えることや、コーチングをすることは、メンタリングすることよりもずっと楽です。どのようにリーダーシップが育つかということを考えないで、知識やスキルに焦点を当てることは、簡単に陥りやすい罠です。真のメンタリングにおいて、メンターは、メンティが、より多くのリーダーを育てていくために、知識やスキルがどのように伝達されるかを知らなければなりません。メンターとメンティの関係には、相互説明責任が求められます。）

メンティが、メンターの同労者になっていく姿をみることは、この上もなくやりがいのあることです。これは、偶然に起こることではありません。メンターは、意図的に関係を築き、また、メンターとしての成果について厳しく評価するべきです。

対立を通してのメンタリング

欧米のメディアが表現するユーモアは、対立と対立のごまかしの上に成り立っています。テレビや映画に出てくるタレントたちが、皮肉や、軽快なツッコミや、感情的、肉体的な個人攻撃や仕返しなどを使って笑いを取り、それを観て楽しんできた世代のリーダーたちがいます。これは画面上では、ユーモアラスかもしれないのですが、実生活では悲惨な結果となり、緊張した人間関係が、荒廃した人間関係、壊れた人間関係となって、最後は復讐（相手から実際に傷つけられたり、あるいは傷つけられたと感じて、故意にその人を傷つけること）に変わっていくからです。

対立は、人間の相互の交流では、普通に起こることです。誰もが、人を傷つける間違いを犯します。人は、自分から故意に、他人を感情的に、肉体的に傷つけたりして、不品行や罪を犯すことを選びます。対立や対立につながる可能性のある出来事にどのように対応するかによって、メンターがどのような人間であるかが決まります。私たちがリーダーとして、対立に対してどのように適切に対処するかによって、リーダーとして成長するかどうかが、決まります。実際、対立に適切に対処することは、人間関係を深め、成熟させ、リーダーとして成長するための前提条件になります。対立への不適切な対処は、信頼を失わせ、人間関係を遠ざけます。対立を適切に処理することによって、信頼を強め、より深い、そしてもっと意味深い人間関係に導きます。

対立や問題を取り扱う不適切な対処法には、次のようなものがあります。

◆問題を無視する。問題は、自然に消えていきません。無視すると、ことをさらに悪化させます。

◆相手を軽蔑する。軽蔑は軽蔑を産み、お互いのコミュニケーションを閉ざし、現在ある信頼を壊します。そして不信を築くのです。

◆不平を言う。ただ、発散は不平不満と同じではありません。ガス抜きは、物事を整理し、順序立てて考えるために必要な言葉によるプロセスです。この行為は、有益な発散が、破壊的な愚痴にならないように配慮してくれる信頼できる人と個人的に行われるべきです。私が、妻に愚痴をこぼさないのは、それが原因で、妻がその人を嫌いになったり、その人を避けるようになる可能性があるからです。相手が友人や同僚であれば、これが問題になることは理解していただけると思います。人間関係全体の文脈の中で、問題の合理的な評価ではなく、私の愚痴によって、家内にその人に対する否定的な感情をいだかせてしまうのです。

◆問題への対応を先延ばしにする。問題は大きくなるばかりです。

◆間接的な反応、行動、コミュニケーション。これは、誤解を招き、他人を問題に巻き込み、問題の解決を遅らせます。

◆報復する。これは、争いを引き起こします。
◆良識ある人々が立ち去り、対立を避けるほど大声で叫ぶ。
◆問題となっている事柄に対処するのではなく、個人攻撃に訴える。
◆実際に攻撃を加える。無礼な態度もここに含まれます。
◆批判的になる。
◆できる限り力強く主張する。
◆相手が言った最後の発言にどう切り返すか考える。
◆気に入らなければ無視する。
◆相手の話しを聞かないように話し続ける。
◆友人や同僚たちを自分の意見に賛成させようとする。
◆他人を議論に引きずり込む。
◆他人に、自分の意見を言わせない。
◆他人の行動の動機を決めつける。他人の行動の動機は、その本人が言うまで知ることができません。その人が、過去において良くない振る舞いや、悪い判断をしたとしても、メンターは、その人が行った行動や決断についてその動機を知っていると思い込むべきではありません。
◆どんな種類の皮肉でも言うこと。

◆感情が高まっている時に問題に対処すること。感情が高まると、聞く耳をもたなくなり、悪い判断や悪い行動を引き起こします。
◆「いつも」とか「決して」というような最上級の決めつける単語を使うこと。
◆威嚇的、防御的な態度を取ること。
◆侮辱的、罵倒する、冒涜的なことばを使うこと。
◆喧嘩を公の場に持ち出すこと。真剣な話し合いの間に、第三者に同席させることは、喧嘩を公にすることとは違います。
◆電子メール、ショート・メールやラインを使って問題に対処すること。直接会うのがベストですが、直接会えない場合は、ビデオや音声での会議でもかまいません。

時に人は、対立的、攻撃的になり、公然と反応することがあります（悪口を言う、相手を困らせる、口論や怒鳴り合い、にらみ合い、味方を集め、さらには暴行に発展することもあります）。時に人は、消極的な行動をとります（防御的な態度、悪口、意地悪、切り捨て発言、皮肉、噂を広めること、ゴシップ、裏切りや陰口、他人の誠実さへの攻撃、プロジェクトの妨害、間接的に、物理的、経済的、精神的な危害を与えるなど）。

よくある言葉に、「彼は、私をバスの下に投げ込んだ！」（訳者注：おとしいれる、裏切る、利益のために相手を利用して害を与えるという意味）というものがあります。この言い回しは、いくつかの理由で極めてひどいものです。

◆暴力的である。
◆相手を故意に傷つけようとする否定的な動機を与えます。
◆この出来事から立ち直る可能性がほとんどないことを示唆します。
◆自分をおとし入れた人を同じような目に合わせるぞという宣言が、いつでもそのことばの後に続きます。

怒り、困惑、フラストレーション、失望などは、みな正直な感情です。しかし、その感情の原因について、私たちが思い違いしている可能性があることを理解しなければなりません。また、感情に正当な理由がある場合でも、私たちは、その感情にどう対処するか選択することができます。これらの感情に適切に対処することが、フェアな戦いへの第一歩です。これらの非効果的なコミュニケーション（自分の感情に対処しないことも含む）によって、これらの感情を不適切に扱うと、その感情は、直接または間接的に他者と戦ったり害を与えたりするのをいとわないところまで高めてしまいます。私たちの感情のエネルギーは、どこかに行かなければなりません。自分の感情やその原因となっている状況に適切に対処しなければ、感情のエネルギーが、不適切でタイミングを逸した形で噴出し、人間関係を傷つけ、解決困難または、不可能な対立を招く可能性が高くなります。

感情に適切に対処する方法をいくつか紹介します。

◆感情を自分のものにする。怒っていること、恥じていること、悔んでいること、失望していることを特定し、それを受け入れます。私（デービッド）は、考えるタイプの人で、感情の人ではありません。何か、悪いことがあったり、良いことが起こったりして、私の感情を外に表さなければいけなくなる時、その感情を整理して、自分が感じていることをどう伝えようかと考えるのに多くの時間がかかります。私（ポール）は、感情的に物事を受け止めるタイプの人です。こういうタイプの人は、何がその感情の原因なのか、また、なぜ、そのように感じているのか、その感情をぶつけた時にどんな結果を産むかなどは、分析しないで、他の人に自分の感情をすぐにぶつけてしまう傾向があります。感情的な人は、感情をぶちまける前に、一度消化する必要があり、そうしないと、問題を悪化させることになります。感情派も、塾考派も、困難な状況や感情を対処する際には、自分を律する必要があります。

◆理解する手助けになる質問をし、相手の感情の動機を憶測したり、決めつけたりしないようにする。ある晩、私（デービッド）が、高速道路を走っていると、すぐ後ろの車がハイビームを点灯して追いかけて来ました。その車を先に行かせようとして、減速すると、その車も減速してずっと付いて来ます。すぐにガソリンスタンドがあったので、この車から逃れられると嬉しくなったのですが、その車も付いて来ます。ちょっと恐怖と怒りで、車から飛び降りたのですが、できるだけ丁寧に何か問題があるのか尋ねてみることにしました。すると、年配の女性が車を降りてきて、「ごめんなさい。私のヘッドライトがハイビームになりっぱなしで、次に助けてもらえる場所を探していたんです。」私たちをいらいらさせたり、フラストレーションを起こさせたり、怒らせたりする行動をとる人の理由を、自分が理解していると思い込んではいけないのです。

◆問題を通してあなたを助け、秘密を守ってくれる信頼できる味方に問題を相談する。深刻な問題の場合、公平な見方をするプロのカウンセラーに助けてもらうこともできます。
◆自分の問題を率直に相手に述べ、相手の感情を処理する時間を与える。「このことについて考える時間が必要ですか」という必要があるかもしれません。もし、相手が感情を露わにしたり、逆に感情を隠そうとしている場合、「このことについてもう少し考えてみてください。一時間位経ったらまた会いましょう」言う必要があるかもしれません。感情が高ぶると状況が悪化し、相手の話しを聞くのが難しくなります。結果的に、後で後悔するようなことを考えたり言ったりするようになります。感情が高ぶりは、けんかの素であり問題解決には役立ちません。逆に、冷静な頭は、問題を解決します。
◆感情について意味のあるフィードバックをする。「私は……のせいでイライラしています」とか、「私は、……のことでおこっています」のような文章を使いましょう。相手の感情に関して、思慮深くあってください。「……についてお怒りなのですね」や、「……についてあなたがいら立っておられる理由を教えてくださいますか」のような文章を使ってください。

多くの意見の不一致におけるもう一つの問題は、意見の不一致の参加者の一人を擁護したり、あるいは、単に友人やチームメートを擁護するために飛び込んでくる第三者です。他人のために戦ったり、他人をかばったりすると、リーダーシップの成長を妨げます。意見の相違がある場合、誰も耳をかさないような状況まで悪化していない限り、当事者だけが、その問題に取り組むべきです。問題の当事者でない人が、どちらかを弁護したり、解決したりしようとすると、かえって問題を複雑にしてしまうのです。この問題は、関わる人が二人ではなく三人なことです。自分の味方がいない人は、もっとフラストレーションが溜まり、弁護されている人は、受け身になって、彼のリーダーとしての成長を止めてしまいます。リーダーは、自分で問題に対処する方法を学ばなければなりません。アドバイスを受けることはできますが、問題を処理するのは、彼ら自身です。

リーダーは、過ちは常に過去のものであることを理解しなければなりません。解決策は、発展させることができるので、常に未来にあります。過去を変えることはできませんが、自分たちが下す決断によって未来に影響を与えることはできます。相互説明責任と問題解決は、過去ではなく、未来に関わるものです。問題がある時は、たとえそれが繰り返される悪い行動であったり、お粗末な意思決定であっても、解決策を模索すべきです。問題をできるだけシンプルに、直接的に述べるようにします。問題を説明する言葉が少なければ少ないほど、問題を迅速かつ効率良く解決する可能性が高くなります。

問題解決の話し合いで、両者が価値を感じ、発言できる方法を探ります。まず、私たちは、相手の意見に、無反応だったり、無関心であったりしていないかどうか、自分自身を観察する必要があります。このことは、聞くよりも話すことの方が多い場合に現れます。また、不誠実、敵対的、批判的な態度で接することも、不適切なコミュニケーションとなります。話している時に、相手をコントロールしたり、巧みに操ったりすることを避けましょう。コミュニケーションの目的は、お互いの考えや気持ちを伝え、理解することを忘れないことです。相手の反応や行動をコントロールできません。コミュニケーションを通じて自分が正しいことを証明しようとしたり、議論に勝とうとすることは、効果的でないことを覚えておく必要があります。勝とうとすることは魅力的かもしれませんが、関係は、悪化します。

良いコミュニケーションとは、正直で、オープンで、直接的なものです。私たちの言葉の目的や意味を疑う余地がありません。私たちは、文化的な偏見や、自分の本心や気持ちを述べることへの恐れを克服しなければなりません。これは、親切で尊敬に値する方法でなされるべきです。相手の人に話すチャンスを与え、それにきちんと答えるようにします。相手の話しに耳を傾け、正しく理解しようとします。わからないことがあれば、質問をし、はっきりさせましょう。すぐれたコミュニケーションは、相手が自分を理解し、自分も相手を理解して、信頼につながります。それは、問題解決のための主要な要素です。

聖書には、問題を回避し問題に対処することについて多くのことが書かれています。下記の聖書箇所をぜひお読みください。これらの聖句を読みながら、ご自分が現在直面している他人との問題に、聖句がどのように適用できるか示してくださるように、神に祈ってください。

ですから、神の栄光のために、キリストがあなたがたを受け入れてくださったように、あなたがたも互いに受け入れ合いなさい。（ローマ15章7節）

さて、兄弟たち、私たちの主イエス・キリストの名によって、あなたがたにお願いします。どうか皆が語ることを一つにして、仲間割れせず、同じ心、同じ考えで一致してください。（Ⅰコリント1章10節）

互いに忍耐し合い、だれかがほかの人に不満を抱いたとしても、互いに赦し合いなさい。主があなたがたを赦してくださったように、あなたがたもそうしなさい。（コロサイ3章13節）

何事も利己的な思いや虚栄からするのではなく、へりくだって、互いに人を自分よりすぐれた者と思いなさい。（ピリピ2章3節）

悪いことばを、いっさい口から出してはいけません。むしろ、必要な時に、人の成長に役立つことばを語り、聞く人に恵みを与えなさい。（エペソ4章29節）

互いの重荷を負い合いなさい。そうすれば、キリストの律法を成就することになります。（ガラテヤ6章2節）

それぞれ自分の行いを吟味しなさい。そうすれば、自分にだけは誇ることができても、ほかの人には誇ることができなくなるでしょう。人はそれぞれ、自分自身の重荷を負うことになるのです。（ガラテヤ6章4〜5節）

それは、からだの中に分裂がなく、各部分が互いのために、同じように配慮し合うためです。一つの部分が苦しめば、すべての部分がともに苦しみ、一つの部分が尊ばれれば、すべての部分がともに喜ぶのです。あなたがたはキリストのからだであって、一人ひとりはその部分です。（Iコリント12章25〜27節）

ですから、あなたがたは癒やされるために、互いに罪を言い表し、互いのために祈りなさい。正しい人の祈りは、働くと大きな力があります。（ヤコブ5章16節）

兄弟愛をもって互いに愛し合い、互いに相手をすぐれた者として尊敬し合いなさい。（ローマ12章10節）

彼らは互いに言った。「まったく、われわれは弟のことで罰を受けているのだ。あれが、あわれみを求めたとき、

その心の苦しみを見ながら、聞き入れなかった。それで、われわれはこんな苦しみにあっているのだ。」（創世記42章21節）

ですからあなたがたは、現に行っているとおり、互いに励まし合い、互いを高め合いなさい。（Ⅰテサロニケ5章11節）

「今日」と言われている間、日々互いに励まし合って、だれも罪に惑わされて頑なにならないようにしなさい。（ヘブル3章13節）

そのとき、ペテロがみもとに来て言った。「主よ。兄弟が私に対して罪を犯した場合、何回赦すべきでしょうか。七回までですか。」イエスは言われた。「わたしは七回までとは言いません。七回を七十倍するまでです。ですから、天の御国は、王である一人の人にたとえることができます。その人は自分の家来たちと清算をしたいと思った。清算が始まると、まず一万タラントの負債のある者が、王のところに連れて来られた。彼は返済することができなかったので、その主君は彼に、自分自身も妻子も、持っている物もすべて売って返済するように命じた。それで、家来はひれ伏して主君を拝し、『もう少し待ってください。そうすればすべてお返しします』と言った。家来の主君はかわいそうに思って彼を赦し、負債を免除してやった。ところが、その家来が出て行くと、自分に百デナリの借りがある仲間の一人に出会った。彼はその人を捕まえて首を絞め、『借金を返せ』と言った。彼の仲間はひれ伏して、『もう少し待ってください。そうすればお返しします』と嘆願した。

しかし彼は承知せず、その人を引いて行って、負債を返すまで牢に放り込んだ。彼の仲間たちは事の成り行きを見て非常に心を痛め、行って一部始終を主君に話した。

そこで主君は彼を呼びつけて言った。『悪い家来だ。おまえが私に懇願したから、私はおまえの負債をすべて免除してやったのだ。私がおまえをあわれんでやったように、おまえも自分の仲間をあわれんでやるべきではなかったのか。』こうして、主君は怒って、負債をすべて返すまで彼を獄吏たちに引き渡した。あなたがたもそれぞれ自分の兄弟を心から赦さないなら、わたしの天の父もあなたがたに、このようになさるのです。」（マタイ18章21～35節）

兄弟たち。さばかれることがないように、互いに文句を言い合うのはやめなさい。見なさい。さばきを行う方が戸口のところに立っておられます。（ヤコブ5章9節）

互いに一つ心になり、思い上がることなく、むしろ身分の低い人たちと交わりなさい。自分を知恵のある者と考えてはいけません。（ローマ12章16節）

最後に言います。みな、一つ思いになり、同情し合い、兄弟愛を示し、心の優しい人となり、謙虚でありなさい。（Ⅰペテロ3章8節）

数年前、シティ・チームのリーダーシップのチームは、アフリカのいくつかの弟子育成運動に憂慮すべき傾向があることに気づきました。場合によっては、衰退していることさえありました。すぐに、私たちは、答えを探し始めました。

その結果、私たちは、本当に優れたリーダーを育てていたことがわかりました。そして、これらのリーダーたちは、次々に、他のリーダーたちを育てていました。しかし、前にも述べたように、トレーニングは知識とスキルの伝達に過ぎず、能力の向上や人格の育成に関するものではありませんでした。その結果、これらのリーダーは、より効果的なツールを身につけることで、素晴らしい結果を得ました。しかし、それらの成果がリーダーとしての能力の限界に達した時、彼らは大きな壁にぶつかりました。

私たちには、リーダーを訓練することをやめ、リーダーをメンタリングによって指導することに移行する必要があったのです。さらに、リーダーたちが他のリーダーを指導する方法を学ぶ手助けをすることも必要でした。私たちの仮説は、このような働きをした結果、ネットワーク全体にわたって弟子づくりと教会開拓の促進が見られるというものでした。

その部分でテコ入れを行った結果、私たちは弟子を育てる働きや教会開拓が増えていきました。私たちは、単なる知識の伝達だけでは弟子育成のムーブメントを持続させるには不十分だと気づかされました。運動を持続させたいのであれば、リーダーの能力を高めるために投資しなければなりません。弟子育成運動を続けたいのであれば、メンタリングの指導をしなければなりません。

著者あとがき

数年前、私（デービッド）は、インドの開拓伝道者と話しました。その開拓伝道者は、言いました。

「私は、百万長者です。」

「どういう意味。」

彼は、笑顔で答えました。「今年、私たちは百万人目のボージュプリーの人に神の国の洗礼を授けました。神の経済では、私は、百万長者になったわけです。」

涙が止まりませんでした。この会話をしている時、私たちのボージュプリー人の間での働きを始めてからわずか十二年目で、私たちは、百万人以上の兄弟姉妹を神の御国の一員となるための洗礼を授け、四万以上の教会を立ち上げたのです。

私の失敗の上に、神がなしてくださったことを振り返り、それを「ムーブメント」と呼ぶかようになるとは思ってても見ませんでした。

神が私を「百万長者」にしてくださるとは夢にも思いませんでした。

あなたが「百万長者」になり、あなたが弟子を育てる人になって、かつて教会に行ったことのなかった失われた羊に福音を届けることに専念して、失われた人たちがイエスを愛する者になって、天全体が喜ぶ時が来るように心の底から祈るものであります。

脚注①：Miraculous Movements: How Hundreds of Thousands of Muslims Are Falling in love with Jesus, Jerry Trousdale

脚注②：The Long Tail：Why the Future of Business Is Selling Less of More（New York：Hyperion, 2006)

訳者あとがき

川口中央福音自由教会牧師　松村　隆

Intentional Discipleship Movement「意図的に弟子を育てる運動」のパイオニアの一人、シンガポール・カベナント福音自由教会の初代牧師（現：主任メンター）のエドモンド・チャン師などによって２０１７年１月に開催された「弟子を育てる運動」Global Discipleship Congress に参加し、この働きに目覚めました。そして、自分がイエス様の弟子となり、弟子を育てる運動を進めて行きたいと、情報をいろいろと探して行くうちに、この本にたどり着きました。

まず、ワトソン師の本の前書きを読んで感動しました。この本は、教会や教団を大きくするために書かれた、誰かの良いアイディアから生まれた単なるハウツー本ではありませんでした。インドのボージュプリー人の間に遣わされた一人の宣教師が宣教に失敗して国外退去を命じられ、これからどうすべきか主に尋ね求めた数か月に及ぶ真剣な祈りから始まっています。**みことばの原則を徹底的に適用し、宣教の主《しゅ》である聖霊の働きに任せながら、弟子を育てる運動を戦ってきた一人の宣教師の赤裸々な証しの本**ですから説得力がありました。

自分自身がよく理解できるように、また、何度も繰り返して読めるようにと翻訳を始めました。何度も読み進むうちに、今日本の福音的な教会の牧師先生、信徒の方々、また、日本から遣わされている宣教師の方々にもぜひ読んで欲しいと思うようになり、ウィクリフ聖書翻訳協会の福田崇 宣教師の熱い後押しもあってヨベルの安田正人さんに出版をお願い致しました。

インド北部のボージュプリー人の間で始められた弟子を育てて宣教を拡大してきた働きは、日本の既存の教会にそのまま適用できないことはすぐに見えてきました。ワトソン師の働きが、まだ教会がない未伝地での異文化世界の地で爆発的に成長拡大したからです。ワトソン師の働きについて記事にしている他の本には、迫害の中にあり医療もままならない悪霊の働きも盛んな現地の人々は熱心に祈り、多くの癒しも行われたと書かれています。また、文字を持たないボージュプリー人の間で他の宗教を信じる人たちからの迫害がある中、自由に福音を語れませんでした。祈りながら「**平和の子**」を探してみことばを聞く準備ができている人たちに、カセットテープを用いてみことばを聞かせ、弟子を育てたことも書かれていました。それでも、**ワトソン師の働き**は、聖書の原則に土台を据えていますので、**世界のどこでも、どんな社会でも適用できる**と感じました。実際、その働きはアフリカ、南アメリカ、米国などで拡大してきました。そんな中、一体日本での私自身の遣わされている教会や地域での働きにどう適用できるのか考えました。

聖書の学びを強調する日本の福音派の多くの教会とは異なり、「**みことばとご聖霊の導き**」に**シンプルにしかも徹底的に従うことが強調**されています。まずリーダーとして立てられている自分が、神のみことばに日々従うことを目指すことから始めています。また、ワトソン師の働きはご聖霊が働いてくださることを願い、宣教のために祈りの動員をしていました。それで私も自分が祈りの人になる訓練を課しています。また、教会内の祈りの交わりが祈り会に参加できる一部の人たちによってのみなされてきたことでは不十分と感じ（祈り会は用いられているると信じ続けていますが）、月一回礼拝後全員が小グループに分かれて互いのため、また、宣教のために祈ることを始めてきました。新年度は、月一回のその礼拝を三十分早く始め、祈りと礼拝メッセージの分かち合いを小グループで行っています。ここまで来るのに四年かかっています。また、グループづくりも決して楽ではありません。

また、説教を土台とする宣教また教会建設に対して、個人的あるいは小グループによる弟子を何代にもわたって育てる働きがこのワトソン師の働きの真骨頂です。すなわち、育てている弟子が誰かを弟子として育てなければ、そもそも弟子を育てても意味がないというスタンスです。

私が短い牧会の中で感じてきたことは、多くの場合、新しい信徒の方々は、洗礼を受けたら自分たちの成長だけにとどまっているということです。それは牧師である自分が福音宣教の働きと信徒の方々の成長のための働きを信徒の方々に担ってもらわなかったことによります。まだまだ、始まったばかりで不十分ですが、現在、私の他に、三人の方々に聖書を読む会の「**救いの基礎**」や福音自由教会の「**信徒の手引き**」を使って救いの学びや洗礼準備の学びを個人的に導いてもらっています。他に、そこまで至っていない未信者の方を不定期に聖書を用いて導いているもう一人の信徒の方もいます。今の祈りと願いは、洗礼に導かれた方々を、導いた信徒の方々が関わり続け、育て続けて行くことです。まず、洗礼に導かれた新しい信徒の方々が次の世代を育てるために、祈り始め、ご聖霊の導きの中で、家族や友人の中に求道者となる方を探しだし、その方がみことばに従う「弟子となるまで」育てていくことです。こうして、導かれた方が、導く側になり、二人とも成熟を目指した主の弟子として成長することが期待されます。その後、さらに弟子が広がることはなればと願いますが、まだ、今の時点ではそこまでは見えていません。

この働きは、時間がかかります。ワトソン師も最初の5年間、ほとんど動きがなくて遣わされていた宣教団から除名される危機にも直面しました。自分が宣教の中心ではなく、宣教の導き手であるご聖霊に委ねて導かれたことに自分をささげていくからです。この運動を進めるには、会議と計画だけによるのではなく、祈りと主の導きに従って一歩一歩進むことが必要です。今進めている「子どもを漁《すなど》るスポーツ伝道」の働きも、三年目にして少しずつフットサルとして近隣の教会と協力して形が出来始めています。

この本を読んで、さまざまな疑問が湧いてきました。マタイの福音書28章の最後にイエス様が命じられた主の弟子を育てる命令は、過去の弟子訓練の挫折から日本ではもう無効になってしまったのか。私は、ご聖霊の働きを自分の信仰の成熟、教会の成熟、世界宣教の力の源として認めているだろうか。教会のリーダーとしてたてられている私が、イエス様の弟子として自分をささげて、日々主のご命令に従っているだろうか。教会は、知識としての聖書を教えるだけの場所になってはいないだろうか。信徒の方々を励まして、弟子として育てているだろうか、自分が奉仕している教会の人数が増えることが宣教の目標になってはいないだろうか。多くの考えるべき問いかけが心に湧いてきます。

インドネシアの西パプア州イラルトゥ人の間でウィクリフの聖書翻訳者として、二〇年以上現地で働かせていただきました。ビザの問題や病気などと戦い、ようやく二〇一三年にイラルトゥ語で四福音書と使徒の働きを出版したとき、ほぼ、すべての牧師先生がイラルトゥ語を話せない現地の教団は、出版された分冊を礼拝で使ってくれませんでした。自分の人生の意味について、主《しゅ》に問いかけました。何のためにこの二〇余年働いたのだろうかと。ところが、私たちがみことばと導きに従って二〇一〇年に始めたイラルトゥの中高校生寮のリト・レフィデソ君が高校を卒業して数年後の二〇一七年突然 Facebook で友だちになることを要請してきました。そればかりではなく、彼は、自分の言葉で聖書を読んで福音が広がることを願い、Facebook で「**イラルトゥ語で聖書を読む会**」をつくり、今は人口の約二〇％弱の一〇〇〇名（二〇二四年七月末現在）を超える若者が登録しています。ご聖霊の不思議なわざのゆえに身震いしています。文字がなかったイラルトゥ語族の中での働きはワトソン師のボージュプリー人での働きに近さを感じます。昨年、リト兄は、導かれてＴＥＡＭ系の神学校で学び始めました。私は、日本の教会でこの運動を進めると同時に、この兄弟を通してイラルトゥ語族の間に、主がイエス様の弟子の広がりを進めさせてくださることを祈りつつ、御聖霊の導きを待っています。

この本が皆さんにとって何らかの宣教の働きへのヒントとなれば感謝です。この本の出版のために、川口中央福音自由教会（ホープ教会）の半谷ヒロ子さんが丁寧に校正をしてくださいました。またこの本の表紙に、同教会の早津信雄さんの作品である新聞の広告で作られた貼り絵を使わせていただきました。お二人に心から感謝申し上げます。また、主の弟子を育てる運動を共に追い求める同労者の福田　崇さんが、この本の監修をしてくださり心から感謝を申し上げます。そして、出版に至るまで忍耐深く励まし続けてくださったヨベルの安田正人さんにも心から感謝いたします。

二〇二四年八月

Beyond Watson
松村ホームページ

表紙画『ガリラヤ湖の魚群』に寄せて

早津 信雄

聖書の信条、価値観等は一般社会の規範と異なり真逆と思しき記述箇所も多くある。

当該シーンも同様で、夜通し漁をしたプロの漁師たちの目には見えない大漁群が湖の水面下に居た事は驚きの展開で目を疑った。（ルカの福音書5章）

２０２０年の暮れは丁度COVID-19の諸規制が施行された頃だった。

手元に在った以前息子が通っていた教会学校の教本（テキスト）が目に留まり、当該構図のスケッチへと手が動き、幸いに活き活きとした魚群の表現が適い計19作目の貼り絵成果と相成った。

今回 松村 隆師が出版する本の表紙画に採用され超嬉しく思い、当に水を得た魚の様に元気を貰い、以降の余生を生きる勇気が湧いてきた。感謝しつつ！　＊参考文献：ビデオ教育絵本（小学館）

訳者　松村　隆（まつむら・たかし）

1952年東京生まれ。埼玉県浦和市の教会学校に行ったのがイエス・キリストとの出会いの始まり。埼玉県立浦和西高校、明治大学を経て聖書神学舎に学ぶ。神学生の2年生の時に日本ウィクリフ聖書翻訳協会が開催した夏期言語学講座に参加し、聖書翻訳宣教に導かれる。1978年3月美知子と結婚。厚木福音自由教会牧師。1983年テキサス州立大学修士課程修了。1984年より、インドネシア、パプア州に派遣され、イラルトゥ語族（約4,000～5,000人）に派遣され、文字作成、文法分析を経て聖書翻訳に着手。ビザの困難や病気による帰国、児玉福音自由教会牧師などを経て、2013年11月イラルトゥ語の四福音書と使徒の働きを出版する。2014年行田カベナント教会のぞみ園グループホームで働く。2015年から川口中央福音自由教会の協力牧師となり、2019年1月より責任牧師

監修　福田　崇（ふくだ・たかし）

1946年東京生まれ、高校1年の時、Hi-b.a.の働きを通して信仰に入る。リーダースダイジェストに載っていた聖書翻訳者の働きの記事を読み関心を持ち、米国ウィクリフに問い合わせる。高校3年の時、宣教教会で洗礼を受ける。東京学芸大学1年の時に、ガリずりの「聖書ほんやく」誌を発刊する。1968年、大学3年の時に、日本ウィクリフ創設にかかわり、書記に就任する。翌年から、Hi-b.a.のスタッフとして奉仕。71年愛子と結婚。1973年国際ウィクリフのメンバーとなり、75年日本で、夏期言語学講座を開始し、後に責任者となる。76年、聖書神学舎卒。宣教教会で教職按手を受けフィリピンに赴任する。

77年、東ボントク聖書翻訳プロジェクト（カダクラン語）に参加。84年バーリグ語プロジェクトに転任。日本ウィクリフ総主事、国際ウィクリフ理事、国際ウィクリフアジア大洋州地区総主事を歴任。2011年、世界ウィクリフ同盟霊的大使を経て、現在、日本ウィクリフ「聖書活用・宣教協力」担当。2022年5月28日バーリグ語聖書献呈。2025年にカダクラン語聖書献呈（予定）。

全信徒祭司の教会を建てあげる
イエスの弟子へのひろがりを求めて

2024年10月20日初版発行

著　者── デービッド・ワトソン＆ポール・ワトソン
訳　者── 松村　隆
監　修── 福田　崇
発行者── 安田正人
発行所── 株式会社ヨベル　YOBEL, Inc.
〒113-0033 東京都文京区本郷4-1-1　菊花ビル5F
TEL03-3818-4851　FAX03-3818-4858
e-mail : info@yobel. co. jp

装　幀── ロゴスデザイン：長尾優

印　刷── 中央精版印刷株式会社

配給元─日本キリスト教書販売株式会社（**日キ販**）
〒112 - 0014　東京都文京区関口1-44-4　宗屋関口ビル
Tel 03-3260-5670　Fax 03-3260-5637

　ISBN978-4-911054-39-0 C0016